L'ENSEIGNEMENT DE LA GÉOGRAPHIE

...tion d'ouvrages publiés par M. E. LEVASSEUR, membre de l'Institut,

ou sous sa direction.

COURS D'ÉTUDES

Pour les Lycées et Colléges

(CLASSES DE GRAMMAIRE)

GÉOGRAPHIE

PHYSIQUE ET POLITIQUE

DE L'AFRIQUE, DE L'ASIE, DE L'OCÉANIE ET DE L'AMÉRIQUE

PAR

CH. PÉRIGOT

Professeur d'histoire et de géographie au lycée Saint-Louis.

CLASSE DE CINQUIÈME

CH. DELAGRAVE

Éditeur de la Société de Géographie

15, RUE SOUFFLOT, 15

Atlas de Géographie physique et politique de l'Afrique, de l'Asie, de
l'Océanie, de l'Amérique, et de la Géographie historique de la Grèce,
(classe de cinquième), par E. Levasseur et Ch. Périgot. 1 vol. in-8° jésus (15 cartes).
Prix, carté... 2 50

COURS COMPLET DE GÉOGRAPHIE

A L'USAGE DES LYCÉES ET COLLÉGES

d'après les programmes du 2 août 1880

COLLECTION D'OUVRAGES

publiés sous la direction

DE

E. LEVASSEUR

Membre de l'Institut

CLASSES ÉLÉMENTAIRES

Classe préparatoire. — Notions préliminaires et géographie élémentaire de la France physique, par E. LEVASSEUR. 1 vol. in-12, avec vignettes et cartes coloriées dans le texte. Prix cart. . . . . 1 »

Classe de huitième. — Géographie élémentaire des cinq parties du monde. Grandes découvertes, par E. LEVASSEUR. 1 vol. in-12, avec figures. Prix cart. . . . . » 80

Classe de septième. — Géographie élémentaire de la France, par E. LE-VASSEUR. 1 vol. in-12, avec figures. Prix cart. . . . . » 8J

CLASSES DE GRAMMAIRE

Classe de sixième. — Géographie physique et politique de l'Europe, par CH. PÉRIGOT, professeur au lycée Saint-Louis. 1 vol. in-12, avec figures. Prix cart. 1 50

Classe de cinquième. — Géographie physique et politique de l'Afrique, de l'Asie, de l'Océanie et de l'Amérique, par CH. PÉRIGOT. 1 vol. in-12, avec figures. Prix cart. 1 50

Clas e de quatrième. — Géographie physique et politique de la France, par CH. PÉRIGOT. 1 vol. in-12, avec figures. Prix cart. 1 50

CLASSES D'HUMANITÉS

Classe de troisième. — Géographie physique, politique et économique de l'Europe, par E. LEVASSEUR. 1 vol. in-12, avec figures. Prix cart. 4 »

Classe de seconde. — Géographie physique, politique et économique de l'Afrique, de l'Asie, de l'Océanie et de l'Amérique, par E. LEVASSEUR. 1 vol. in-12, avec figures. Prix cart. . . . . 4 »

Classe de rhétorique. — Géographie physique, historique, politique, ad-ministrative et économique de la France et de ses possessions coloniales, par E. LEVASSEUR. 1 vol. in-12, avec figures. Prix cart. 6 50

— Précis de la géographie de la France et des colonies, par le même. 1 vol. in-12, cart. 2 50

Classe de mathématiques préparatoires. — Géographie élémentaire des cinq parties du monde. 1 vol. in-12, avec figures. Prix cart. . . . »

Classe de mathématiques élémentaires. — Géographie physique, politique et économique des cinq parties du monde. 1 vol. in-12, avec figures. Prix cart. . . . . » »

COURS COMPLET DE GEOGRAPHIE

A L'USAGE DES LYCÉES ET DES COLLÈGES

D'après les programmes du 2 août 1880.

COLLECTION D'ATLAS

PUBLIÉS PAR

E. LEVASSEUR
Membre de l'Institut.

Ch. PÉRIGOT
Professeur d'histoire et de géographie au
lycée S int-Louis.

CLASSES ÉLÉMENTAIRES

Classe de huitième. — Atlas de la Géographie élémentaire des cinq parties du monde, 9 cartes formant 1 vol. petit in-4° écu. Prix cart. . . . . 1 »

Classe de septième. — Atlas de la Géographie élémentaire de la France, 22 cartes formant 1 vol. petit in-4° écu. Prix cart. . . . . 1 »

CLASSES DE GRAMMAIRE

Classe de sixième. — Atlas de la Géographie physique et politique de l'Europe, du Bassin de la Méditerranée et de la Géographie historique de l'Orient. 26 cart. formant 1 vol. grand in-8° jésus. Prix cart. 3 50

Classe de cinquième. — Atlas de la Géographie physique et politique de l'Afrique, de l'Asie, de l'Océanie et de l'Amérique, et de la Géographie historique de la Grèce. 15 cartes formant 1 vol. grand in-8° jésus. Prix cart. 2 50

Classe de quatrième. — Atlas de la Géographie physique et politique de la France et de la Géographie historique de l'empire romain. 20 cartes formant 1 vol. grand in-4° jésus. Prix cart. . . . . 4 »

CLASSES D'HUMANITES

Classe de troisième. — Deux Atlas :

1° Atlas de la Géographie physique, politique et économique de l'Europe. 34 cartes formant 1 vol. petit in-4° écu. Prix cart. . . . . 4 »

2° Atlas de la Géographie historique du moyen âge jusqu'en 1270. 16 cartes formant 1 vol. grand in-8° jésus. Prix cart. . . . . 4 »

Classe de seconde. — Deux Atlas :

1° Atlas de la Géographie physique, politique et économique de l'Afrique, de l'Asie, de l'Océanie et de l'Amérique. 32 cartes formant 1 vol. petit in-4° écu. Prix cart. . . . . 4 »

2° Atlas de la Géographie historique du moyen âge depuis 1270, et des temps modernes jusqu'en 1610. 15 cartes formant un vol. grand in-4° jésus. Prix cart. . . . . 5 »

Classe de rhétorique. — Deux Atlas :

1° Atlas de la Géographie physique, politique, administrative et économique de la France et de ses possessions coloniales. 27 cartes formant 1 vol. petit in-4° écu. Prix cart. 3 »

2° Atlas de la Géographie historique des temps modernes depuis 1610, jusqu'en 1789. 15 cartes formant 1 vol. grand in-4° jésus. Prix cart. 5 »

Classe de philosophie.

Atlas de la Géographie historique. 12 cartes formant 1 vol. grand in-4° jésus. Prix cart. . . . . 5 »

Classe de mathématiques préparatoires. — Deux Atlas :

1° Atlas élémentaire de la Géographie physique et politique. 57 cartes formant 1 vol. petit in-4° écu. Prix cart. 4 50

2° Atlas de Géographie ancienne. 21 cartes formant 1 vol. grand in-4° jésus. Prix cart. 4 50

Classe de mathématiques élémentaires. — Deux Atlas :

1° Atlas de la Géographie physique, politique et économique. 93 cartes formant 1 vol. petit in-4° écu. Prix cart. . . . . 10 »

2° Atlas de la Géographie historique. 50 cartes formant 1 vol. grand in-4° jésus. Prix cart. . . . . 10 »

L'ENSEIGNEMENT DE LA GÉOGRAPHIE

Collection d'ouvrages publiés par M. E. LEVASSEUR, membre de l'Institut

ou sous sa direction:

COURS D'ÉTUDES

Pour les Lycées et les Colléges

(CLASSES DE GRAMMAIRE)

GÉOGRAPHIE

PHYSIQUE ET POLITIQUE

DE L'AFRIQUE, DE L'ASIE, DE L'OCÉANIE ET DE L'AMÉRIQUE

PAR

CH. PÉRIGOT

Professeur d'histoire et de géographie au lycée Saint-Louis.

CLASSE DE CINQUIÈME

7611

PARIS

CH. DELAGRAVE

Éditeur de la Société de Géographie

15, RUE SOUFFLOT, 15

1881

Tout exemplaire non revêtu de notre griffe sera réputé contrefait.

Ch. Delagrave

SCEAUX. — IMP. CHARAIRE ET FILS.

PRÉFACE

Voici le second des trois *Cours de Géographie* composés d'après le programme de 1880 pour les classes de grammaire. L'auteur s'est inspiré des sages recommandations faites aux professeurs dans le rapport adressé en 1872 par la commission de Géographie au ministre de l'instruction publique. « Dans les classes de grammaire, dit ce rapport, le « but est de faire apprendre la géographie physique « d'une manière précise et aussi détaillée que le « comportent l'âge des élèves et le temps consacré « à cet enseignement, et de donner en même temps « les premières notions de géographie politique. »

C'est ce que nous nous sommes efforcé de faire. La *Géographie physique tient dans ce petit livre la place principale* par la description des côtes, des montagnes et des fleuves. Nous sommes entrés dans quelques détails pour éviter la sécheresse d'une nomenclature et graver plus fortement dans l'esprit des élèves la connaissance des pays et des traits distinctifs qui les caractérisent. Au contraire la géographie politique est très abrégée, parce qu'elle sera étudiée avec détail dans les classes supérieures, où l'intelligence des élèves est plus mûre pour la comprendre.

Ce livre est accompagné d'un *certain nombre de figures* destinées à mieux faire comprendre les descriptions, et d'un *Atlas* de dix cartes physiques et politiques. Nous appelons particulièrement l'attention de nos collègues sur les *cartes physiques*, dressées avec grand soin et d'après un système qui nous semble préférable à tous les autres ; c'est celui qui consiste à représenter les hauteurs relatives non par des hachures gravées, ce qui ne peut jamais être fait exactement, mais par des coloris différents en teinte plate. Par ce moyen on peut donner une image fidèle du relief du sol dans un pays, et distinguer au premier coup d'œil les terrains inférieurs à 300 mètres ou les plaines, les plateaux de 300 à 1,000, les montagnes de 1,000 à 3,000, les régions alpestres au-dessus de 3,000 mètres. Les *coupes* et *profils* gravés sur les côtés de la carte aident encore à faire comprendre ces différences de niveau (1).

---

(1) Voir pour plus de détails l'ouvrage suivant :

La Terre (moins l'Europe), géographie et statistique. — La planète et son atmosphère. — L'Océan. — Les découvertes. — L'Afrique. — L'Asie. — L'Océanie. — L'Amérique du Nord. — L'Amérique du Sud. — La nature et l'homme, par E. Levasseur, membre de l'Institut, avec Atlas correspondant : Cartes pour servir à l'intelligence de la *Terre*. Paris, Ch. Delagrave, éditeur, rue Soufflot, 15.

Pour aider nos collègues dans la préparation d'un cours nouveau par l'étendue des matières, nous l'avons divisé en 32 leçons (une leçon par semaine), en nous efforçant d'enfermer dans chacune un sujet bien déterminé.

Chacune de ces leçons ou ensemble de leçons est suivie d'un *Résumé* qui peut servir de memento pour repasser, ou de programme pour apprendre les parties principales.

Le programme recommande avec beaucoup de raison les dessins au tableau noir. Les élèves peuvent ensuite s'exercer seuls, et les maîtres s'assurer promptement si leurs leçons ont été comprises, au moyen de *cartes muettes*. Notre éditeur en a publié un grand nombres qui sont exactement du même format que les cartes de nos Atlas ; elles reproduisent les divisions et les points qui sont le fond de ces cartes (1).

(1) *Cartes muettes*, chez Ch. Delagrave, rue Soufflot 15. Leur prix est très-modique : 5 c. l'une, 2 fr. 50 le cent de cartes assorties.

GÉOGRAPHIE PHYSIQUE ET POLITIQUE

DE

L'AFRIQUE, DE L'ASIE, DE L'AMÉRIQUE ET DE L'OCÉANIE

CHAPITRE PREMIER

NOTIONS GÉNÉRALES SUR LE GLOBE

PREMIÈRE LEÇON (1)

1. La Géographie. — La GÉOGRAPHIE est la *description de la terre*. — Un illustre écrivain, Bossuet, a dit pour montrer l'utilité de l'histoire, « qu'il était honteux pour un homme d'ignorer le genre humain. » On peut également dire qu'*il serait honteux pour un homme d'ignorer la terre* ; car elle est le sol où se sont accomplis les faits de l'histoire qui ne peut être bien comprise si l'on ne connaît le théâtre des événements. L'histoire et la géographie s'éclairent donc l'une par l'autre.

Depuis près de quatre siècles, la découverte de l'Amérique et celle de la route des Indes par le sud de l'Afrique ont plus que doublé l'étendue du monde connu des an-

---

(1) Voir la carte première : *Mappemonde et notions sur la sphère*. Cette carte explique les sept premières leçons.

ciens et démontré la véritable forme de la terre ; depuis le commencement de notre siècle, les explorations des marins au milieu des glaces polaires et celles des voyageurs dans l'intérieur des continents ont laissé peu d'inconnu sur le globe. Ils ont affronté tous les dangers, sacrifié même quelquefois leur vie pour nous apprendre quelle est cette terre que nous habitons : ne leur devons-nous pas au moins cette marque de reconnaissance de profiter de leurs travaux et d'étudier la science qu'ils nous ont faite ?

Tous les jours, vous entendez parler des relations établies entre les pays lointains et le nôtre. Il faut connaître ces contrées et leurs productions pour savoir comment notre patrie, en commerçant avec elles, peut augmenter sa richesse et par suite reprendre son rang dans le monde.

L'honneur et l'intérêt de la patrie exigent que nous apportions une attention toute particulière à l'étude de cette science.

2. Les divisions de la géographie. — On lit souvent dans l'histoire que telle chaîne de montagnes sert de frontière entre deux États, comme les Pyrénées entre la France et l'Espagne. De là, deux aspects différents sous lesquels on peut considérer la géographie. Si l'on étudie la terre sans s'occuper des hommes qui l'habitent, on voit que sauf quelques modifications partielles presque inappréciables en raison de la masse du globe, les formes extérieures de la terre, mers et montagnes, ne changent point ; de là le nom de GÉOGRAPHIE PHYSIQUE donné à l'étude des accidents *physiques* ou *naturels* du sol, dont la place et la forme sont également indépendantes de la volonté humaine. Au contraire si l'on étudie la terre comme étant la demeure de l'homme, on remarque bien vite que les frontières des États ont souvent été déplacées, que leurs divisions intérieures ont quelfois été complétement changées; ainsi la France, il y a moins d'un siècle, a remplacé ses anciennes provinces par des départements ; de là le nom de GÉOGRAPHIE POLITIQUE donné à l'étude des États ou sociétés *politiques* établis sur le globe, avec leurs limites et leurs divisions également dépendantes de la volonté humaine.

TOUT EST DONC VARIABLE DANS LA GÉOGRAPHIE POLITIQUE, AUTANT QUE TOUT EST IMMUABLE DANS LA GÉOGRAPHIE PHYSIQUE.

La géographie politique d'un pays est donc la description de ses frontières, de ses divisions actuelles et de ses villes. Mais si l'on veut rechercher ce qu'elles furent aux époques antérieures, par exemple, quelles étaient les limites de la France quand elle s'appelait la Gaule et comment les Romains l'avaient partagée en provinces et en cités, cette partie de la géographie politique est appelée *géographie historique*, parce que plus que tout autre elle s'appuie sur l'étude de l'histoire. Il est encore une autre division de la géographie qui a pris aujourd'hui un grand développement, c'est la *géographie économique;* elle fait connaître les productions de toute nature que renferme un pays, comment les hommes transforment par leur travail la plupart de ces substances et les échangent entre eux : de là sa division en géographie agricole, géographie industrielle et géographie commerciale ; elle s'appuie dans ses recherches sur la science de l'économie politique. Enfin l'étude de la population de chaque État, des langues qu'on y parle, des religions qu'on y professe des gouvernements qu'on y a établis, appartient encore à la géographie économique comme l'une des parties d'une science spéciale, la *statistique*.

La GÉOGRAPHIE PHYSIQUE, la GÉOGRAPHIE POLITIQUE et la GÉOGRAPHIE ÉCONOMIQUE se complètent par une quatrième, la GÉOGRAPHIE MATHÉMATIQUE. On la nomme ainsi parce qu'elle emprunte le secours des sciences du calcul pour déterminer la forme et les dimensions de la terre, ainsi que pour construire les globes et les cartes avec les lignes qu'on y voit tracées.

DEUXIÈME LEÇON

3. La forme de la Terre. — La principale partie de la géographie mathématique est aussi appelée « l'étude de la sphère, » à cause de la forme que présente notre globe. En effet LA TERRE A LA FORME D'UNE SPHÈRE OU D'UNE BOULE. Il ne semble pas au premier abord qu'il en soit ainsi ; car aussi loin que s'étend notre vue, la terre nous paraît plate. Mais, dès les temps les plus anciens, on avait soupçonné que la terre était ronde, en observant que tous les astres ont cette forme. La preuve expérimentale en fut donnée au commencement du XVIᵉ siècle, quand le célèbre navigateur *Magellan*, parti d'Espagne et *naviguant toujours vers l'occident*, contourna les continents au sud et *revint vers le même point du côté de l'orient;* il avait fait évidemment le tour d'un corps dont toutes les parties sont semblables, c'est-à-dire d'un corps rond. Enfin l'aspect d'un vaisseau entrant dans un port fournit chaque jour à un observateur placé sur le rivage la preuve de la sphéricité de la terre. En effet si elle était plate, le vaisseau apparaîtrait très petit sans doute, mais tout entier. Au contraire, (V. fig. 1) on n'aperçoit d'abord que le sommet des mâts et les plus hautes voiles : à mesure qu'il s'avance, les voiles moyennes apparaissent, enfin les voiles basses et le corps même du vaisseau.

La rondeur de la terre n'est pas parfaite. *Elle est très légèrement renflée vers l'équateur et aplatie vers les pôles.* Cette vérité n'a été pleinement démontrée que dans le milieu du siècle dernier, par les observations de deux voyageurs français : La Condamine envoyé dans les pays placés sous l'équateur ; Maupertuis, dans les contrées voisines du pôle nord.

Fig. 1. — Courbure de la terre.

4. Les cercles tracés sur le globe; latitude et longitude[1]. — Prenez une orange et coupez-la exactement par le milieu ; vous aurez deux portions égales, l'une en haut, l'autre en bas, séparées par la circonférence du cercle que vous aurez tracé à égale distance du sommet et de la queue du fruit. Sur le globe, ces deux points extrêmes s'appellent les PÔLES : le *pôle nord* figuré dans le haut de la carte, le *pôle sud* représenté au bas, et l'ÉQUATEUR EST LE CERCLE TRACÉ A ÉGALE DISTANCE DES DEUX PÔLES. Chacune des parties ainsi divisées s'appelle un *hémisphère*, ou une moitié de sphère : on distingue l'*hémisphère boréal* ou hémisphère du nord, entre l'équateur et le pôle nord ; l'*hémisphère austral* ou hémisphère du sud, entre l'équateur et le pôle sud. Enfin la *ligne droite*

1. Voir dans la carte première : *Mappemonde et notions sur la sphère*, les trois figures tracées au bas de la carte.

qui joint un pôle à l'autre en passant par le centre du cercle de l'équateur, donc par le centre de la terre, s'appelle *l'axe de la terre.*

On peut tracer entre l'équateur et chaque pôle autant de cercles que l'on voudra. Mais il est d'usage de partager chaque hémisphère seulement en 90 parties qu'on appelle des DEGRÉS, et les cercles qui les séparent se nomment *parallèles à l'équateur*, parce qu'ils sont tracés parallèlement à l'équateur, c'est-à-dire dans le même sens que ce grand cercle.

Les parallèles servent à marquer la LATITUDE d'un lieu, c'est-à-dire *la distance de ce lieu à l'équateur*. Il y a par conséquent deux latitudes : une *latitude septentrionale* pour les pays au *nord* de l'équateur, une *latitude méridionale* pour les contrées au *sud* de cette ligne. Cependant la latitude seule ne peut déterminer la position précise d'un endroit ; car cet endroit peut être placé sur un point quelconque d'une ligne très-étendue. Mais si cette ligne est coupée par une autre, le point où elles se rencontreront sera parfaitement déterminé, c'est-à-dire distinct de tous les autres points. C'est ce qui se fait au moyen du MÉRIDIEN, c'est-à-dire d'un GRAND CERCLE QUI COUPE L'ÉQUATEUR EN PASSANT PAR LES DEUX PÔLES. Comme il peut y avoir une infinité de méridiens, puisqu'on peut faire passer par les deux pôles autant de cercles qu'on veut, on a dû adopter l'un d'entre eux pour *premier Méridien ;* en France, c'est celui qui passe par Paris

Le Méridien partage la terre en deux parties égales, dites *hémisphère oriental* à l'orient du premier méridien, *hémisphère occidental* à l'occident ; et par conséquent il y a deux longitudes, une *longitude orientale* et une *longitude occidentale*. Elles sont marquées, comme la latitude, par des *degrés ;* mais ces degrés sont au nombre de 180 pour chaque hémisphère oriental et occidental, par conséquent de 360 pour toute la circonférence de la terre. Chaque degré de longitude ou de latitude est divisé en 60 parties plus petites appelées *minutes* ; chaque minute en 60 autres parties appelées *secondes*.

TROISIÈME LEÇON

5. Les zones. — Parmi les parallèles à l'Équateur, quatre ont reçu des noms particuliers : les deux TROPIQUES, le *Tropique du Cancer* au nord de l'Équateur et le *Tropique du Capricorne* au sud de cette ligne ; les deux CERCLES POLAIRES, le *cercle polaire arctique* au nord et le *cercle polaire antarctique* au sud.

Ces quatre cercles partagent la terre en cinq ZONES ou bandes *en dedans desquelles la température est à peu près égale ;* c'est pourquoi on les désigne par des noms qui indiquent leurs différences de température. La première est la ZONE TORRIDE, comprise entre les deux tropiques et ainsi appelée parce que la chaleur y est plus grande que partout ailleurs. Les deux suivantes sont les ZONES GLACIALES, la *zone glaciale du nord* et la *zone glaciale du sud*, désignées ainsi à cause de la rigueur du froid et situées entre chaque cercle polaire et chaque pôle. Enfin les deux dernières sont les ZONES TEMPÉRÉES, où l'on ne connaît ni les extrêmes du froid ni ceux de la chaleur ; elles se divisent en *zone tempérée boréale* comprise entre le tropique du Cancer et le cercle polaire arctique ; et en *zone tempérée australe* entre le cercle polaire antarctique et le tropique du Capricorne.

Ces zones sont d'étendue fort inégale. On voit que les

cercles de la sphère se rétrécissent à mesure qu'on s'avance vers le pôle; aussi *les deux zones glaciales sont-elles de beaucoup les moins étendues;* elles occupent *un peu moins de la dixième partie de la surface du globe,* tandis que la *zone torride* en occupe presque les *quatre dixièmes,* et les *zones tempérées un peu plus de la moitié.*

6. **Le mouvement de la Terre.** — La Terre semble plane et cependant elle est sphérique; de même elle paraît immobile et cependant elle est emportée par un mouvement continuel. Elle est même assujettie à un double mouvement. Ainsi LA TERRE TOURNE D'ABORD SUR ELLE-MÊME, comme une toupie sur son clou; ce qui représente *le clou de la toupie,* c'est l'axe de la Terre autour duquel s'accomplit ce premier mouvement ou la *rotation* en vingt-quatre heures environ ou en un jour. Puisque l'axe a pour extrémités les deux pôles, on comprend que le déplacement soit très peu considérable dans les contrées polaires, et qu'il augmente à mesure qu'on s'en éloigne pour atteindre sa plus grande rapidité à l'Équateur.

LA TERRE TOURNE AUTOUR DU SOLEIL en une *année* ou 365 jours et un quart environ ; c'est ainsi que la toupie décrit sur le sol un grand cercle, tout en pivotant sur elle-même. La Terre fait partie avec les autres planètes du *système solaire,* c'est-à-dire de l'ensemble des astres qui tournent autour du soleil. Les planètes ont des *satellites,* ou astres inférieurs qui tournent autour d'elles; la *Terre n'a qu'un satellite,* c'est la LUNE qui accomplit sa rotation autour de la terre en *un mois* environ.

7. **Les points cardinaux.** — La Terre tourne et le soleil est immobile par rapport à la terre, tandis que la Terre nous paraît être immobile et le soleil tourner. Le côté où il semble se lever le matin s'appelle EST, *orient* ou levant; celui où il paraît se coucher le soir, OUEST, *occident*

ou couchant. Le soleil paraît donc se mouvoir d'orient en
occident. En réalité, c'est la Terre qui tourne d'occident
en orient. Les deux points intermédiaires entre l'Est et
l'Ouest s'appellent l'un le Sud ou *midi*, l'autre le Nord
ou *septentrion* ; ce dernier nom vient de ce qu'il est placé
au-dessous de la constellation de la petite Ourse, composée de sept étoiles (Voir la fig. 2.) Ces quatre points,
Est, Ouest, Nord et Sud, sont appelés POINTS CARDINAUX,
c'est-à-dire points principaux parce qu'ils désignent la
position relative des lieux. Pour la déterminer d'une façon plus précise encore, on a figuré, dans une direction
intermédiaire entre les quatre points cardinaux, quatre
autres points dits *points secondaires*. Ce sont : le *Nord-
Est* et le *Sud-Est*, le *Sud-Ouest* et le *Nord-Ouest*.

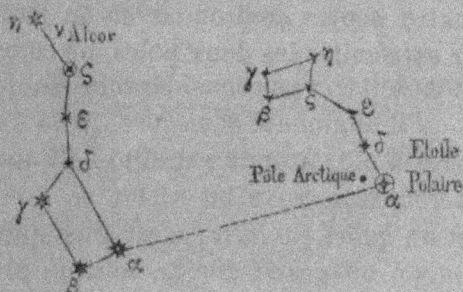

Fig. 2. Petite Ourse.

Il est facile pendant le jour de reconnaître l'est et
l'ouest par le lever et le coucher du soleil ; pendant les
nuits claires, on trouve le nord en cherchant à la queue
de la constellation de la petite Ourse l'*Étoile polaire*, ainsi
nommée parce qu'elle est très voisine du pôle et qu'elle
paraît rester par conséquent presque immobile dans
le ciel. On peut toujours déterminer le nord à l'aide de la
boussole dont se servent les marins. Elle consiste en un

cadran (fig. 3) portant l'indication des points cardinaux, et en une aiguille mobile sur un pivot et dont la pointe aimantée se tourne toujours d'elle-même vers le nord, ou plus exactement vers un point intermédiaire entre le nord et le nord-ouest, comme l'indique la figure.

Reconnaître ces différents points, c'est savoir s'orienter.

Dans les cartes il est d'usage de placer l'Est à la droite

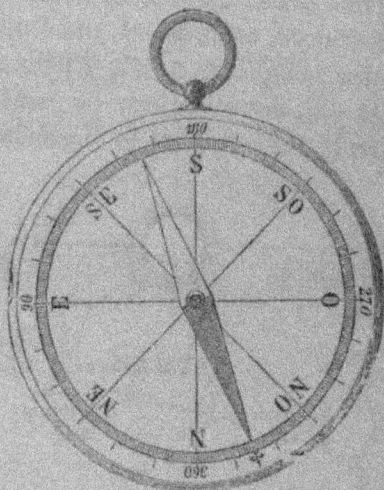

Fig. 3. Boussole.

de l'observateur, l'Ouest à sa gauche, le Nord dans le haut de la carte, le Sud dans le bas.

QUATRIÈME LEÇON

9. Le jour et la nuit, les saisons. — Le double mouvement de la Terre explique deux phénomènes différents, la *succession des jours et des nuits* et *l'ordre des sai-*

sons. La Terre en tournant autour du soleil ne peut lui présenter jamais que la moitié de sa surface à la fois; d'où il suit que c'est le JOUR pour la partie éclairée, et la NUIT pour celle qui ne l'est pas. Si la terre était placée en face du soleil dans la direction de son axe, c'est-à-dire perpendiculairement comme la toupie qui tourne sur le sol, les jours et les nuits auraient partout une durée égale. Mais il n'en est pas ainsi. La terre est notable-

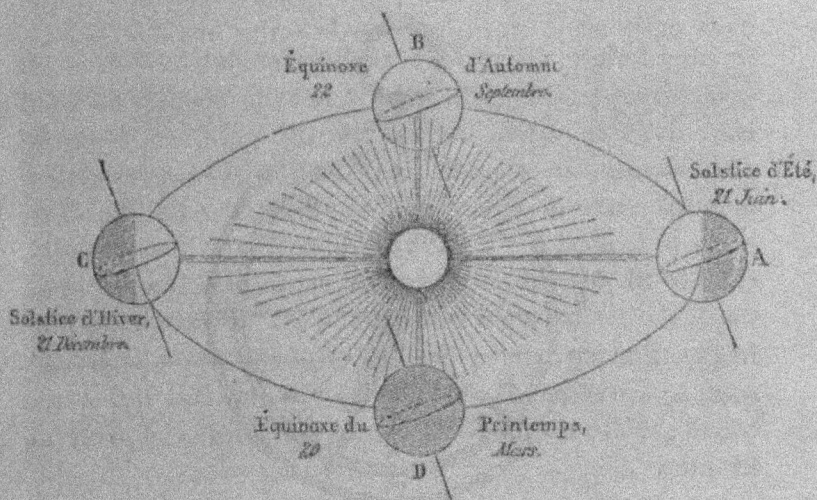

Fig. 4. Les saisons.

ment inclinée en face du soleil, comme le montre la figure ci-jointe (1) (fig. 4).

Quand les deux pôles sont à la limite de l'hémisphère éclairé et de l'hémisphère ténébreux, *les jours sont*

(1) Dans cette figure, on n'a observé en aucune façon ni les proportions de grandeur, ni la forme de l'ellipse, c'est-à-dire de la ligne courbe que décrit la terre en tournant autour du soleil.

égaux aux nuits pour tous les lieux de la Terre ; c'est
pourquoi on nomme cette époque l'*Équinoxe :* ÉQUI-
NOXE DE PRINTEMPS au 20 mars, ÉQUINOXE D'AUTOMNE au
22 septembre. Quand le pôle nord et la zone glaciale du
nord sont dans la région éclairée, *les jours sont plus
longs que les nuits ;* même au nord du cercle polaire, le
soleil reste des jours entiers au-dessus de l'horizon, et
au pôle nord il y a six mois de jour sans discontinuité.
C'est le 21 juin que le jour est le plus long, et on l'appelle
le SOLSTICE D'ÉTÉ : c'est la saison la plus chaude, puisque
c'est celle où le soleil, source de toute chaleur, éclaire
le plus longtemps et le plus directement la Terre. Au
contraire quand le pôle nord et la zone glaciale du nord
sont dans la région ténébreuse, les *nuits sont beaucoup
plus longues que les jours ;* même au nord du cercle polaire,
le soleil reste des jours entiers au-dessous de l'horizon,
et au pôle nord il y a six mois de nuit sans discontinuité.
C'est le 21 décembre que la nuit est la plus longue, et on
l'appelle LE SOLSTICE D'HIVER : c'est la saison la plus
froide. Par les mêmes causes, les phénomènes se produisent à l'inverse dans l'hémisphère austral qui a son
solstice d'été au 21 décembre et son solstice d'hiver au
21 juin.

10. Les cartes. — La meilleure manière de représenter la terre, c'est de la figurer sur un *globe* qui en
donne une image fidèle, sauf qu'il est impossible d'y faire
sentir l'aplatissement aux pôles et le renflement vers
l'équateur. Les *cartes* en donnent une idée beaucoup
moins exacte, parce qu'il est impossible de reproduire
une surface courbe sur une surface plane. Ce n'est donc
qu'une figuration approximative, obtenue par divers procédés sur une *mappemonde* ou un *planisphère*. Cette mappemonde peut avoir la forme de deux cercles contigus

dont chacun représente un hémisphère (voir la carte 1re), comme si l'on eût coupé un globe par la moitié d'un pôle à l'autre ; dans ce système les méridiens sont représentés par des lignes courbes. Au contraire on appelle *projection de Mercator*, du nom du géographe flamand qui inventa ce système à la fin du XVIe siècle, un planisphère où les parallèles et les méridiens sont figurés partout par des lignes droites. A côté de certains avantages, il présente le grave inconvénient de déformer beaucoup les régions éloignées de l'Équateur, puisqu'on trace les méridiens à égale distance l'un de l'autre, tandis qu'ils se rapprochent de plus en plus à mesure qu'ils s'éloignent de l'Équateur pour se réunir tous au pôle.

Par des procédés empruntés aux sciences mathématiques, on fait le plan et le nivellement d'un pays, et on le reproduit sur la carte par des procédés de gravure. Une carte est dite *topographique*, quand elle représente tous les détails du terrain ; *géographique*, quand elle n'en donne que les caractères généraux.

CINQUIÈME LEÇON

11. Les terres, les continents et les parties du monde. — Le globe se compose de deux parties bien distinctes : les *terres* et les *eaux*.

Les terres sont entourées d'eau de tous côtés et pourraient être toutes appelées des îles ; mais on réserve ce nom aux parties de terre les moins considérables, et l'on groupe les autres en trois grandes masses qui sont : l'ANCIEN CONTINENT, le NOUVEAU CONTINENT et le MONDE OCÉANIQUE.

L'*ancien continent* ainsi appelé, parce que les anciens

connaissaient quelque chose des *trois parties du monde* qui le composent : l'Europe jointe à l'Asie sur une vaste étendue, et l'Asie à l'Afrique par un espace resserré, l'isthme de Suez (V. la carte 1re).

Le *nouveau continent* a reçu ce nom parce qu'il a été connu bien longtemps après l'ancien, seulement en 1492 par les voyages de Christophe Colomb ; il se compose de l'Amérique divisée en deux grandes masses : l'*Amérique du nord* et l'*Amérique du sud* réunies par l'isthme de Panama.

L'ancien continent est deux fois plus vaste que le nouveau. Il comprend environ 80 millions de kilomètres carrés, dont plus de 40 pour l'Asie, 30 pour l'Afrique et 10 pour l'Europe. Les deux Amériques ne mesurent ensemble que 40 millions de kilomètres carrés.

On donne quelquefois le nom de continent à l'Australie, la plus grande terre de l'Océanie qui est la cinquième partie du monde. Mais l'*Australie* ne formant qu'une seule masse dont les côtes sont peu découpées, n'est véritablement que *la plus grande île du globe*. Le nom qui convient le mieux à la cinquième partie du monde est celui de *monde insulaire*, parce qu'il est tout entier formé d'*îles*, ou de *monde océanique* parce qu'il est situé dans le *Grand Océan*.

L'Océanie comprend environ 15 millions de kilomètres carrés. On a donc à peu près 135 *millions de kilomètres carrés pour toute la surface des terres*, ou un peu plus du quart du globe terrestre qui est de 510 millions de kilomètres carrés.

Les terres sont très inégalement réparties entre l'hémisphère boréal et l'hémisphère austral. Les trois quarts environ sont situés au nord de l'équateur : un quart au sud de ce grand cercle. De plus, la forme générale de ces deux parties est toute différente dans l'un et dans l'autre hémisphère : au nord s'élargissent les vastes régions septentrionales de l'Europe, de l'Asie et de l'Amérique ; au sud s'amincissent et se terminent en pointes l'Afrique, l'Australie et l'Amérique méridionale.

12. Les eaux, la marée. — *L'ensemble des eaux* qui séparent ces terres occupe *une étendue bien plus considérable*, presque les trois quarts du globe 375 *millions de kilomètres carrés.*

La distribution des eaux est très inégale sur les diverses parties du globe ; la carte première fait voir que l'hémisphère septentrional renferme beaucoup moins de mers que l'hémisphère méridional presque entièrement occupé par les eaux. Ces eaux portent différents noms : OCÉANS ou MERS pour les parties les plus considérables ; *golfes* pour les parties de mer qui s'avancent dans les terres ; *détroits* pour celles qui sont resserrées entre deux terres et font communiquer des mers entre elles.

Cette *masse liquide est agitée sans cesse par des mouvements divers* dus à l'action de la *marée, des courants marins et des vents.*

13. Le *mouvement des* MARÉES est *le plus général et le régulier de tous*, parce qu'il est dû à l'action du soleil et surtout à celle de la lune, plus puissante en cette occasion parce qu'elle est plus voisine de la terre ; aussi les marées sont-elles plus fortes lors de la nouvelle et de la pleine lune, plus faibles au contraire au premier et au dernier quartier de cet astre. Pour chaque lieu, *dans l'espace d'un peu plus de* 24 *heures la mer monte et descend deux fois.* On appelle *pleine mer* le moment où la mer atteint son niveau le plus élevé, et *mer basse* le moment où elle est à son niveau le plus bas.

SIXIÈME LEÇON

14. **Description des océans.** — Bien que l'Océan forme une masse d'eaux continues, on le divise cependant en cinq *Océans* qui sont (V. carte première) :

1° L'océan Glacial du nord : il s'étend au nord de l'Europe, de l'Asie et de l'Amérique entre le pôle nord et le cercle polaire du nord. « L'océan Glacial (environ 35 mil- « lions de kilomètres carrés) est une vaste surface toute « de glace l'hiver, où la terre et l'eau durcies par les fri- « mas se confondent sous la neige et au milieu des brouil- « lards. Il est encore glacé en grande partie l'été, et en « partie couvert de montagnes de glaces que la chaleur « a détachées et qui flottent à la dérive en troupes in- « nombrables. Ses eaux sont le refuge des baleines ; ses « côtes inhospitalières ne sont guère hantées que par « les phoques, les pingouins et les ours blancs. Plusieurs « grands fleuves y versent leurs eaux quand elles ne « sont pas glacées ; mais il est surtout alimenté par les « pluies et les brouillards qui durant six mois de l'année « viennent s'y condenser en neige et en glace, et qui for- « ment en été un volume d'eau toujours surabondant. » (La Terre.)

Il donne naissance à plusieurs courants. Le principal charrie des fragments de glace ou banquises mesurant quelquefois plus de cent kilomètres et quelquefois plusieurs centaines de mètres de profonteur jusque sur le banc de Terre-Neuve ; on les voit parfois jusqu'à la latitude de New York (40 degrés).

C'est à ces immenses champs de glace que l'Amérique et l'Asie, bien plus avancées que l'Europe vers le nord de l'océan glacial, doivent le climat rigoureux des terres arctiques et de la Sibérie, vastes plaines où rien n'arrête les vents glacés qui soufflent du pôle.

15. L'océan Atlantique. — 2° L'OCÉAN ATLANTIQUE *est le plus important de tous;* il s'étend entre l'Europe et l'Afrique d'une part, et les deux Amériques de l'autre, depuis le cercle polaire arctique jusqu'au cercle polaire antarctique. Il est élargi au nord et au sud et resserré au contraire vers le milieu entre l'Amérique méridionale et l'ouest de l'Afrique; il doit son nom à la chaîne de l'Atlas qui pour les anciens paraissait s'enfoncer dans cette direction. Sa superficie est d'environ 70 millions de kilomètres carrés.

Comme depuis quatre siècles il a été plus que tout autre parcouru par les vaisseaux, et que dans ces dernières années des études attentives ont été faites sur le fond de cet océan pour la pose des câbles transatlantiques, c'est celui dont les profondeurs, les courants et les vents sont le mieux connus. On a trouvé des profondeurs de plus de 4,000 mètres dans le nord, et de plus de 7,000 dans le sud de l'Atlantique. Dans cette dernière partie un *courant équatorial* se forme sur les côtes d'Afrique, et porté vers l'ouest, longe les côtes de l'Amérique du sud et pénètre ensuite dans la mer des Antilles et le golfe du Mexique, dont il s'échappe par le canal de la Floride.

Ce courant prend alors le nom de GULF STREAM, c'est-à-dire *courant du golfe* (du Mexique). C'est, comme le dit le commodore Maury qui le premier l'a décrit avec précision, un grand fleuve dans l'Océan, roulant des eaux chaudes d'un bleu azuré entre des rives et sur un fond d'eau froide. Il passe au nord d'une vaste plaine d'eau dormante où sont refoulées des herbes gigantesques formant une prairie marine dite *mer de Sargasso*, c'est-à-dire de raisin de mer, à cause des grains noirs dont ces

2

herbes sont couvertes. Le Gulf Stream baigne ensuite
les côtes de France et des îles Britanniques, où il adoucit
la rigueur des hivers ainsi que sur les côtes de Nor-
vège et se perd dans les glaces qu'il a encore le pouvoir
de fondre.

16. Le Grand Océan. — Le GRAND OCÉAN s'étend
entre l'Amérique d'un côté, l'Asie et l'Océanie de l'autre,
depuis le cercle polaire arctique jusqu'au cercle polaire
antarctique ; on le divise lui-même à cause de son étendue
en trois parties : le *Grand Océan boréal* depuis le cercle
polaire arctique jusqu'au tropique du Cancer ; le *Grand
Océan équinoxial* depuis ce tropique jusqu'à celui du Capricorne ; le *Grand Océan austral*, depuis ce tropique
jusqu'au cercle polaire antarctique. Le Grand Océan
est encore appelé OCÉAN PACIFIQUE, parce que le navigateur Magellan qui le parcourut le premier en 1521 eut
pendant tout le temps une heureuse traversée ; on l'avait
aussi nommé *mer du Sud*, parce que jusqu'à nos jours
on ne connaissait d'autre chemin pour y arriver que de
naviguer au sud de l'Afrique ou de l'Amérique.

Il est resserré vers le nord entre les pointes extrêmes
de l'Asie et de l'Amérique, où le *détroit de Bering le
met en communication avec l'océan Glacial du nord ;* au
centre et au sud il s'élargit de plus en plus jusqu'à ce
qu'il se confonde dans des espaces sans bornes avec les
eaux de l'océan Indien et de l'océan Glacial antarctique.
Mais toutes les terres qu'il baigne à l'est, au nord et à
l'ouest aussi bien en Asie qu'en Océanie et en Amérique
sont hérissées de hauts volcans en activité, ce qui a fait
donner à toute cette suite de côtes le nom de *cercle de
feu*. Un autre caractère distinctif de cet océan, c'est la
quantité innombrable d'îles isolées ou d'archipels qu'il
renferme, les unes formant de hautes terres volcaniques,

les autres composés d'îlots madréporiques ou de coraux, c'est-à-dire construits par le travail des polypes qui s'élèvent sans cesse du fond des eaux jusqu'à la surface et rendent chaque année la navigation de cet océan de plus en plus dangereuse. Ces îlots sont disséminés sur de longues étendues et se suivent comme des grains de chapelets pendant plusieurs centaines de kilomètres; les intervalles qui les séparent sont quelquefois recouverts d'une si faible quantité d'eau que les indigènes passent à pied d'une île dans une autre.

Le Grand Océan a ses courants comme l'Atlantique : Le principal est le *courant équatorial*, parti des côtes de l'Amérique et infléchi par les îles japonaises, il devient le COURANT DU JAPON, ou suivant l'expression des habitants le *Fleuve noir* ainsi nommé à cause de la couleur foncée de ses eaux. Roulant une masse énorme d'eau chaude, il travere le Pacifique à peu près sous le 40° degré, se recourbe au contact de la côte américaine, et retourne se confondre dans le courant équatorial. Une mer de varech occupe comme dans l'Atlantique la partie centrale.

L'océan Pacifique n'est pas partout exempt de tempêtes. Sur la côte de Chine en particulier, les navigateurs sont exposés à des coups de vent terribles qui produisent les *typhons*, ouragans mêlés de trombes d'eau.

17 L'océan Indien et l'océan Glacial du sud. — L'OCÉAN INDIEN, appelé aussi *mer des Indes* s'étend entre l'Asie, l'Afrique et l'Océanie; rétréci au nord et profondément découpé entre les presqu'îles de l'Asie méridionale et le nord-est de l'Afrique, il s'élargit vers le sud où il renferme également un immense amas d'herbes marines. Il ne contient qu'un petit nombre d'îles; il est parcouru par un courant qui, portant au sud-ouest et

rencontrant les courants opposés de l'océan Atlantique,
produit de violentes tempêtes aux environs du cap de
Bonne-Espérance. Des vents d'une nature particulière
agitent cet océan : Ce sont les *moussons*, vents qui soufflent en général du sud-ouest depuis avril jusqu'en septembre, et du nord-est depuis octobre jusqu'en mars.
Cette périodicité constante, découverte dès le premier
siècle avant J.-C. par le marin grec Hippalus, a favorisé
singulièrement le commerce entre l'Égypte et l'Inde dans
l'antiquité.

« Au sud du cercle polaire austral commence l'océan
« GLACIAL ANTARCTIQUE [1] ou océan Glacial du sud, limite
« toute idéale d'ailleurs, puisqu'en réalité les glaces
« plus étendues et plus compactes au sud qu'au nord du
« globe s'avancent au delà du cercle. A l'époque de la
« débâcle, les glaces flottantes vont quelquefois jusqu'à
« la hauteur de la Plata et du Cap de (Bonne-Espérance),
« vers le 35e degré de latitude. Cet océan est le grand
« réservoir des eaux marines, comme les glaciers des
« montagnes sont les grands réservoirs des eaux flu-
« viales. C'est aussi la partie du globe terrestre que
« l'homme connaît le moins ; à peine quelques rares na-
« vigateurs ont-ils pu, au milieu des brouillards et des
« masses de glaces flottantes, s'aventurer au delà du
cercle polaire. » (LA TERRE.)

18. Résumé des notions générales sur le globe.
— La géographie est la description de la Terre ; la GÉO-
GRAPHIE PHYSIQUE est l'étude des accidents naturels du

---

1. Ce mot signifie opposé à l'océan Glacial arctique, c'est-à-dire à celui
qui est situé sur le globe au-dessous de la constellation de *l'Arctos* ou de
l'Ourse. (V, §7 fig. 2)

sol; la GÉOGRAPHIE POLITIQUE est l'étude des États avec leurs limites et leurs divisions conventionnelles.

La TERRE a, comme tous les corps célestes, LA FORME D'UNE SPHÈRE, ou boule légèrement aplatie vers les pôles et renflée à l'équateur. Elle tourne sur elle-même en vingt-quatre heures et autour du soleil dans l'espace d'une année.

On appelle *axe* la ligne autour de laquelle la Terre accomplit sa rotation sur elle-même; — PÔLES (*pôle nord* et *pôle sud*), les extrémités de cet axe à la surface de la Terre; — ÉQUATEUR, le grand cercle qui, également distant des deux pôles, partage la Terre en *hémisphère nord* et en *hémisphère sud;* — MÉRIDIEN, un autre grand cercle qui passe par les deux pôles et partage la terre en *hémisphère oriental* et *hémisphère occidental*.

La LATITUDE d'un lieu est la distance de ce lieu à l'équateur; la LONGITUDE, sa distance au premier méridien, qui est en France celui qui passe par Paris.

On distingue encore quatre autres cercles plus petits que les précédents, le *tropique du Cancer* et le *cercle polaire arctique* au nord de l'équateur, le *tropique du Capricorne* et le *cercle polaire antarctique* au sud de ce grand cercle; ils servent, avec l'équateur, à déterminer cinq ZONES ou bandes sur la Terre : la *zone torride*, la *zone tempérée boréale*, la *zone tempérée australe*, la *zone glaciale du nord*, et la *zone glaciale du sud*.

Les quatre points cardinaux sont : NORD ou septentrion; SUD ou midi; EST, orient ou levant; OUEST, occident ou couchant. — Les quatre points secondaires sont : *nord-est, sud-est, sud-ouest*, et *nord-ouest*.

2.

On s'oriente à l'aide du soleil, de l'étoile polaire ou de la boussole.

Le mouvement de la Terre sur elle-même en vingt-quatre heures explique la *succession des jours et des nuits ;* son mouvement autour du soleil dans l'espace d'une année et sa position inclinée par rapport à cet astre explique *la différence des saisons*, ainsi que l'égale durée des jours et des nuits aux *équinoxes de printemps et d'automne* et leur inégalité aux *solstices d'été et d'hiver*.

Les terres occupent à peu près le quart de la surface du globe terrestre; on les divise en trois grandes masses et en cinq parties du monde.

L'ANCIEN CONTINENT, le plus grand de tous, comprend trois parties du monde : — l'EUROPE, *la plus petite (égale au quart de l'Asie)*; — l'ASIE, la plus grande; l'AFRIQUE, unie à l'Asie par l'isthme de Suez.

Le NOUVEAU CONTINENT ne comprend qu'une partie du monde, l'AMÉRIQUE, subdivisée en *Amérique du Nord* et en *Amérique du Sud* réunies par l'isthme de Panama.

La troisième grande masse est le MONDE OCÉANIQUE ou insulaire formant la cinquième partie du monde, l'OCÉANIE, composée d'une multitude d'îles dont la plus grande est l'*Australie*.

Les eaux occupent presque les trois quarts du globe; l'hémisphère du nord en renferme beaucoup moins que l'hémisphère du sud.

Les OCÉANS sont les grandes divisions d'eaux; on en reconnaît cinq, qui sont :

L'OCÉAN GLACIAL ARCTIQUE, baignant le nord de l'Eu-

rope de l'Asie et de l'Amérique ; il s'en détache l'été des
bancs de glace qui se fondent en s'avançant vers le sud.

L'océan ATLANTIQUE, entre l'Europe et l'Afrique d'une
part, et les deux Amériques de l'autre ; c'est le plus important de tous par les relations qu'il établit entre l'ancien et le nouveau continent ; il est sillonné par un
courant d'eau chaude appelé *Gulf-Stream.*

Le GRAND OCÉAN ou OCÉAN PACIFIQUE a reçu ce dernier
nom de Magellan qui le découvrit ; il est situé entre
les deux Amériques, l'Asie et l'Océanie dont les côtes
sont hérissées de volcans, et il renferme un grand nombre de petites îles madréporiques qui rendent sa navigation dangereuse ; il est également sillonné par un courant d'eau chaude, dit *courant du Japon.*

L'océan INDIEN est situé entre l'Afrique, l'Océanie et
l'Asie dont l'Inde est de ce côté la région principale ; il
est agité par des vents réguliers, les *moussons.*

L'océan GLACIAL ANTARCTIQUE renferme peu de terres,
mais d'immenses bancs de glace que les courants amè-
nent jusqu'aux pointes de l'Afrique et de l'Amérique.

QUESTIONNAIRE.

Quelle est la différence entre la géographie physique et la géographie politique ? — Quelle est la forme de la Terre et comment l'a-t-on reconnue ? — Qu'appelle-t-on pôle, équateur, axe de la Terre, méridien ? — Qu'est-ce que la latitude,
la longitude ? — Que veut dire hémisphère, et combien en distingue-t-on ? —
Qu'appelle-t-on zones et par quels cercles sont-elles déterminées ? — Quels sont
les mouvements de la Terre, les points cardinaux et les points secondaires ? —
Qu'appelle-t-on solstices et équinoxes ? — Quelles sont les différentes espèces de
cartes ? — Nommez les continents et les parties du monde, les océans ? —
Qu'est-ce que le Gulf-Stream et la mer de Sargasso ?

CHAPITRE II.

AFRIQUE. — GÉOGRAPHIE PHYSIQUE [1].

SEPTIÈME LEÇON.

19. Les limites, la configuration et les dimensions. — L'Afrique est bornée au nord par le *détroit de Gibraltar* et la MÉDITERRANÉE qui la séparent de l'Europe; à l'est par l'*isthme de Suez*, la MER ROUGE et le *détroit de Bab-el-Mandeb* qui la séparent de l'Asie, et par l'OCÉAN INDIEN; à l'ouest par l'OCÉAN ATLANTIQUE; au sud les eaux de ces deux océans viennent se confondre autour du célèbre *cap de Bonne-Espérance*. Elle est orientée exactement vers les quatre points cardinaux par ses caps extrêmes qui sont : au nord le *cap Bon* près de Tunis (37° 19′ latitude nord), et au sud le *cap des Aiguilles*, un peu plus méridional que le cap de Bonne-Espérance (34° 38′ de latitude sud); entre ces deux points *la plus grande longueur est de 7,800 kilomètres*; à l'est le *cap Guardafui* (49° de longitude orientale); et à l'ouest le *cap Vert* (19° 35′ de longitude occidentale); *la plus grande largeur est de 7,300 kilomètres* entre ces deux pointes. La SURFACE de l'Afrique est d'environ 30 MIL-

---

1) Voir la seconde des cartes géographiques. — *Afrique : carte physique.*

LIONS DE KILOMÈTRES CARRÉS, c'est-à-dire le triple de l'Europe.

Elle est loin de lui ressembler par sa configuration. L'Afrique est la plus massive et la moins découpée des cinq parties du monde ; elle n'a pas, comme l'Europe et l'Asie, ces golfes profondément creusés qui rapprochent l'une de l'autre les parties extrêmes et permettent de pénétrer aisément jusqu'au centre. *Elle est divisée en deux parties inégales par l'équateur :* la plus considérable est au nord et s'étend largement de l'ouest à l'est ; la moins grande au sud a la forme d'un triangle. C'est la partie du monde qui renferme le moins d'îles.

20. Mers, golfes, îles et caps. — La MÉDITERRANÉE baigne tout le nord de l'Afrique, depuis le détroit de Gibraltar (appelé Colonnes d'Hercules dans l'antiquité) jusqu'à l'isthme de Suez ; mais la configuration de ses côtes est loin d'être partout semblable.

Du détroit de Gibraltar au cap Blanc, le rivage se dirige presque en ligne droite du sud-ouest au nord-est ; c'est une côte rocheuse, dominée presque à pic par les dernières chaînes de l'Atlas dont les saillies abritent quelques bons ports en Algérie. Au contraire, du cap Blanc à l'isthme de Suez la côte se dirige du nord au sud, puis de l'ouest à l'est en creusant deux golfes profonds, les *golfes de Gabès* et de la *Sidre* (petite et grande Syrte) ; mais tout ce rivage est presque sans ports, sablonneux, et généralement si bas que les anciens disaient qu'*on ne savait si c'était la terre ou la mer*.

La côte occidentale baignée par l'OCÉAN ATLANTIQUE est bien plus étendue du détroit de Gibraltar au cap de Bonne-Espérance. Elle présente trois directions opposées. Elle va d'abord du nord-est au sud-ouest jusqu'au cap Vert, et ressemble assez au littoral de la Méditerra-

née : d'abord rocheuse dans le Maroc par les prolonge-
ments de l'Atlas jusqu'au cap Noun, ensuite sablonneuse
et semée de récifs dangereux quand elle forme l'extrémité de la plaine du Sahara. Au large, quelques groupes
de petites îles : les Açores, *Madère*, les CANARIES et les
îles du Cap-Vert, toutes terres volcaniques ; le pic de
Ténériffe dans les Canaries a 3,700 mètres de hauteur.
La seconde partie se dirige du nord-ouest au sud-est depuis le cap Vert jusqu'à l'équateur ; on y trouve le *golfe
de Guinée*, le plus considérable de l'Afrique, avec l'île de
Fernando-Po. Les côtes sont basses comme le long du
Sahara ; mais recevant de plus des cours d'eau que les
sables empêchent de parvenir jusqu'à la mer, elles présentent des marécages d'où s'exhalent des miasmes trop
souvent mortels aux Européens. La troisième partie va
presque en ligne droite du nord au sud, depuis l'équateur
jusqu'au cap de Bonne-Espérance ; les côtes y sont presque aussi malsaines que sur le golfe de Guinée et sans
abri, à l'exception de quelques bonnes baies aux environs
du Cap ; il ne s'y rencontre que deux îlots très-éloignés
des rivages, l'Ascension et *Sainte-Hélène*.

21. Découvertes des Portugais. — Les Carthagi-
ginois avaient exploré la moitié environ de ces rivages
jusqu'au golfe de Guinée. Ces découvertes furent entièrement oubliées au moyen-âge jusqu'au XIVᵉ siècle où nos
hardis marins dieppois visitèrent de nouveau ces côtes,
bâtirent le fort du Petit-Dieppe sur la côte de Guinée et
en rapportèrent le commerce de l'ivoire. Ce fut un de leurs
capitaines, *Jean de Béthencourt*, qui en 1402 retrouva les
îles Canaries. Mais l'état de la France, déchirée aux XIVᵉ
et XVᵉ siècles par la guerre de Cent-Ans, ne permettait
pas de poursuivre ces découvertes ; ce fut un peuple
plus heureux qui en profita. LES PORTUGAIS marchèrent

à partir de 1415 sur les traces des Dieppois, et de cap en cap, d'île en île, parvinrent en 1472 à l'Équateur. Ayant reconnu qu'au delà du cap Vert la côte se dirigeait toujours vers l'Orient, contrairement aux opinions des anciens, et que la chaleur des contrées équatoriales n'était nullement un obstacle infranchissable, ils conçurent le projet d'arriver aux Indes par l'est en faisant le tour de l'Afrique.

Diaz parvint en 1486 jusqu'au delà du cap des Tourmentes, dont le roi de Portugal changea le nom en celui de *cap de Bonne-Espérance*. VASCO DE GAMA le doubla en 1497, traversa l'océan Indien et l'année suivante aborda sur les côtes occidentales de l'Inde.

La côte orientale baignée par l'OCÉAN INDIEN se dirige d'abord du sud-ouest au nord-est depuis le cap de Bonne-Espérance jusqu'au cap Guardafui ; elle rappelle les dernières parties du rivage de l'Atlantique par les baies peu profondes qui la découpent et par les cours d'eau débouchant sur les terres malsaines qui forment sa bordure. Quelques îles l'avoisinent, entre autres *Zanzibar* et *Socotora*; mais au sud-est on rencontre une des plus grandes îles du globe, MADAGASCAR *plus étendue que la France*, séparée du continent par le canal de Mozambique et comme escortée de deux groupes volcaniques : au nord-ouest les Comores, et au sud-est les *Mascareignes*. Cette partie a été explorée par les Portugais pendant tout le XVIᵉ siècle.

La seconde partie s'étend du cap Guardafui à l'isthme de Suez. Elle est d'abord baignée par le golfe d'Aden jusqu'au *détroit de Bab-el-Mandeb*, presque fermé par l'îlot de *Perim* et donnant accès dans la MER ROUGE ou golfe Arabique. Cette mer très-resserrée entre l'Arabie et l'Afrique par de hautes montagnes et exposée aux vents

brûlants du désert, *sans recevoir aucun cours d'eau remarquable*, phénomène unique sur le globe, s'étend sur une
une longueur de 800 kilomètres ; elle est bordée de bancs
de coraux et se termine au nord par le *golfe de Suez* et le
golfe d'Akabah, entre lesquels s'avance la *presqu'île triangulaire du Sinaï.* Malgré ses dangers, la mer Rouge a été
dans l'antiquité et au moyen-âge la grande route du
commerce entre l'Europe et l'Inde ; négligée pendant
trois siècles, par suite de la découverte du cap de Bonne-
Espérance, elle a repris toute son importance depuis que
le CANAL DE SUEZ (V. plus bas, § 28.) l'a jointe à la Méditerranée.

HUITIÈME LEÇON

22 Plateau austral et chaînes qui le bordent.—
La partie de l'Afrique située au nord de l'équateur est
en général beaucoup moins élevée au dessus du niveau
de la mer que la partie australe : une ligne tirée du cap
d: Bonne-Espérance à Tunis nous montre l'Afrique s'a-
baissant généralement du sud au nord. (V. dans la carte
2ᵉ la *coupe de l'Afrique*, du Cap à Tunis.)

L'*intérieur de l'Afrique australe est composé d'un vaste
plateau* d'une altitude de 1,200 à 1,500 mètres vers le
centre et *entouré presque partout par des chaînes beaucoup
plus hautes, voisines des rivages.* Il résulte de cette disposition que l'on trouve au centre du plateau des *lacs sans
écoulement* où viennent se jeter des cours d'eau intérieurs,
et que les fleuves qui pénètrent jusqu'à la mer y descendent *par de nombreuses cataractes.*

· Ce plateau commence au *mont de la Table*, dont le sommet aplati (1,350 m.) domine le cap de Bonne-Espé-

rance. Au delà se développent plusieurs chaînes parallèles au nord desquelles le plateau ne dépasse pas 1,000 mètres d'altitude jusqu'au 15° de latitude australe et s'appelle *désert de Kalahari*; c'est plutôt une steppe herbeuse qu'un désert absolument stérile. La chaîne qui le borde du côté de l'Atlantique est peu connue et paraît moins élevée que la côte orientale. Celle-ci porte d'abord le nom de *monts Drakenberg* où plusieurs pics dépassent 3,000 mètres; puis celui de *monts Lupata* au nord desquels le *Kénia*, et surtout le KILIMANDJARO *le point culminant de l'Afrique*, se dresse à plus de 5,700 mètres et conserve sous l'Équateur même des neiges éternelles. Les montagnes de Madagascar, orientées dans la même direction, présentent des pics de plus de 3,000 mètres de hauteur.

23. Fleuves et lacs; voyages de Livingstone. — Vers le 15° degré, le plateau s'élève jusqu'à 1,200 et 1,600 mètres et paraît garder cette altitude sur une très-grande étendue. L'intérieur de l'Afrique australe presque inconnu il y a vingt ans a été révélé à l'Europe par un intrépide voyageur anglais, D. LIVINGSTONE. En 1849 il découvrit le lac *Ngami* (930 mètres d'altitude), réservoir de plusieurs rivières qui ne peuvent arriver à l'Océan. De 1852 à 1854 il explora le cours supérieur du Zambèze, l'un des trois grands fleuves du continent africain, sorti du petit lac *Dilolo* situé au centre du plateau à 1,445 mètres environ d'altitude.

Le voyageur arriva à Saint-Paul de Loanda sur la côte occidentale; puis complétant son œuvre, reconnut de 1854 à 1856 le cours inférieur du Zambèze jusqu'à l'océan Indien, AYANT AINSI LE PREMIER DES EUROPÉENS TRAVERSÉ L'AFRIQUE D'UNE MER A L'AUTRE. Le Zambèze coule d'abord du nord au sud; en tournant vers l'est il tombe d'une hauteur de 30 mètres sur 600 mètres de largeur dans une gorge étroite, avec une telle puissance et un tel bruit que la poussière d'eau rejaillit vers le ciel en colonnes humides et que les indigènes l'appellent « la fumée tonnante. »

Livingstone a donné à cette belle cataracte le nom de *chute Victoria*; le Zambèze perce ensuite les gorges des monts Lupata et débouche par un vaste delta marécageux dans le golfe de Mozambique. Dans un quatrième voyage (1858-59) Livingstone a découvert les lacs *Chirwa* et NYASSA : le premier petit et isolé, le second très-étendu vers le nord et se déversant par le Schiré dans le Zambèze. Jusqu'à sa mort en 1873, il explora les contrées situées au nord de ce lac, pour reconnaître la séparation des eaux entre les bassins du Zambèze, du Nil et du Congo. Il représente cette région centrale comme un plateau de 1,200 à 1,500 mètres d'élévation, rempli de cours d'eau innombrables, dont toutes les sources partent de petits lacs situés au point le plus élevé d'une vallée.

Outre le Zambèze, quatre cours d'eau encore considérables descendent de ce plateau. Le plus grand est le Zaïre ou *Congo* exploré tour à tour par Livingstone, Cameron et *Stanley*. Ce dernier, dans un voyage mémorable, a reconnu que le fleuve décrit au nord de l'Equateur une vaste courbe, où son lit est embarrassé de cataractes. Il est borné de ce côté par de hautes montagnes qui semblent être la séparation du Congo, du Nil et du Niger. Viennent ensuite le *Coanza* et l'*Orange* qui débouchent dans l'océan Atlantique; le Limpopo, dans l'océan Indien. A l'exception du désert de Kalahari, tous ces pays sont fertiles : le littoral est propre à la culture de la canne à sucre, du café et du coton; les montagnes

renferment de riches mines de fer et de cuivre, même dès
gîtes de diamant. Dans les plaines, ainsi que dans les fleuves et les lacs de l'intérieur, errent ou nagent d'innombrables troupes de rhinocéros, d'éléphants ou d'hippo-
potames que poursuivent les trafiquants d'ivoire.

**24. Montagnes d'Abyssinie ; grands lacs du centre
et bassin du Nil ; voyages de Speke, Baker, etc** —
Le plateau austral se prolonge jusqu'aux bords de la mer
Rouge par les MONTS D'ABYSSINIE. C'est un massif considérable, d'une hauteur moyenne de 2,000 à 2,500 mètres,
avec un grand nombre de pics qui dépassent 3,000 mètres de hauteur et dont l'un atteint même 4,500 mètres.
Ces chaînes laissent entre elles des vallées profondément
encaissées où coule l'un des bras du plus grand fleuve de
l'Afrique et de l'un des plus célèbres du monde, le NIL.

Les sources du Nil ont été longtemps ignorées. Il y a
quarante ans à peine, on ne supposait pas qu'il s'étendît
au sud du 10° degré de latitude boréale, endroit où l'on
représentait sur les cartes une longue chaîne, les monts
de la Lune, dirigée de l'ouest à l'est jusque vers le cap
Guardafui. Mais à partir de 1839, les expéditions des français d'Arnaud, d'Abbadie et *Lejean*, de l'Allemand Heu-
glin, surtout des Anglais SPEKE, GRANT ET BAKER, ont révélé une partie de ces sources mystérieuses. Ces trois derniers voyageurs surtout ont singulièrement agrandi nos
connaissances dans la *région des grands lacs équatoriaux*.

Dans un premier voyage, Speke et Burton (1857-58),
partis des environs de Zanzibar reconnurent d'abord un
lac étroit, *Ujiji* ou *Tanganyika*, qui paraît étranger au
bassin du Nil ; car il n'est qu'à 840 mètres environ d'altitude, et il reçoit au nord une rivière sortie d'une haute
région montagneuse dont un pic dépasse 3,000 mètres.
D'après le voyageur anglais Cameron, il se déverse à l'O·

vers les affluents supérieurs du Zaïre. Tout ce pays, entre le lac et les monts Lupata, est appelé par les indigènes OUNYAMEZI ou *pays de la Lune*, à cause des neiges éternelles qui couvrent les sommets des monts Kenia et Kilimandjaro.

Sous l'équateur même, Speke découvrit un second lac bien plus étendu, le lac VICTORIA NYANZA (1,270 mètres d'altitude) rempli par la fonte des neiges du Kilimandjaro et que l'on peut regarder jusqu'à présent comme *la source principale du Nil*. Speke et Grant firent un second voyage vers ce lac et reconnurent que le Nil en sort à son extrémité septentrionale; il coule au nord-ouest en formant le petit lac Ibrahim ou Codscha, et débouche ensuite dans un troisième lac, le lac ALBERT NYANZA, decouvert par Baker.

Le fleuve coule au nord, d'abord dans une région montagneuse, puis dans une plaine basse où il est divisé en un grand nombre de bras encombrés de bambous, contrée où abondent les éléphants et jusqu'au fond de laquelle les marchands européens ont établi des postes pour le commerce de l'ivoire. Vers le 10e degré il arrive à une sorte de dépression, le *lac Nou*, région malsaine au-dessous de laquelle les bras du fleuve se réunissent de nouveau en un seul lit grossi à l'est et à l'ouest par des affluents encore peu connus. Le Nil, appelé alors *fleuve Blanc* par les Arabes, coule entre deux chaînes de collines éloignées d'environ 200 kilomètres jusqu'à la ville de KHARTOUM où il reçoit le *fleuve Bleu*. Ce second bras sorti des monts d'Abyssinie, traverse le lac *Dembéa* ou Tzana et roule sur de hautes terrasses où il forme plusieurs cataractes.

A Khartoum commence le NIL proprement dit. Il reçoit bientôt son dernier affluent, l'Atbara ou *Tacazzé*, et de là jusqu'à la mer *il reste pendant près de 2,000 kilo-*

mètres sans être grossi par aucune rivière, phénomène unique dans le régime des fleuves. Resserré dans une étroite
vallée embarrassée de cataractes, il décrit deux arcs de
cercle en sens contraire au milieu d'un pays stérile. A la
dernière cataracte, la plus faible de toutes et qui n'est
proprement qu'une succession de rapides, il entre à
Syène en ÉGYPTE, où commence son cours inférieur
entre deux chaînes très rapprochées, la chaîne Arabique
à l'est, et la chaîne Libyque à l'ouest jusqu'au Caire.
Près de cette ville il se sépare en deux bras principaux
(sept dans l'antiquité) : *le bras de Damiette* à l'est, et le
bras de Rosette à l'ouest, qui embrassent le petit espace
triangulaire appelé DELTA. Son cours, depuis l'équateur
jusqu'à la Méditerranée, a plus de 4,000 kilomètres.

Le Nil déborde comme tous les fleuves intertropicaux ;
mais son débordement est surtout célèbre en Égypte,
parce qu'il y a été observé dès la plus haute antiquité. Il
est dû aux pluies abondantes qui tombent sous l'équateur d'avril en octobre ; le fleuve commence à grossir au
Caire dans les premiers jours de juillet, atteint sa plus
grande hauteur (9 à 10 m.) vers le 20 septembre, reste environ quinze jours stationnaire, rentre vers novembre
dans son lit et décroît lentement jusqu'au 20 mai de l'année suivante. *L'Égypte est un présent du Nil*, a dit l'histo-
rien grec Hérodote. C'est en effet ce limon qui a formé
la vallée et le Delta ; ce sont ses inondations qui déterminent les divers aspects du sol.

Le conquérant arabe de l'Égypte, Amrou, a parfaitement décrit ces métamorphoses variées dans sa lettre au
calife Omar :

« Peins-toi, ô prince des fidèles, un pays qui offre tour
« à tour l'image d'un désert poudreux, d'une plaine li-
« quide et argentine, d'un marécage noir et limoneux,
« d'une prairie verte et ondoyante, d'un parterre orné
« de fleurs et d'un guéret couvert d'épis jaunissants. »

NEUVIÈME LEÇON

25. La plaine du Soudan; le massif de la Séné-gambie; le Niger; voyages de Caillié, Barth, etc.
— Au nord du 10ᵉ degré le plateau s'incline rapidement et là commence la PLAINE DU SOUDAN, haute à peine de 400 à 500 mètres ; elle présente même dans son milieu une dépression dont le fond est occupé par le *lac Tchad* (250 m. seulement d'altitude), lac peu profond, sans écoulement, et recevant plusieurs fleuves encore inconnus dans leur cours supérieur. La partie du plateau voisine de l'Atlantique est plus élevée ; on y rencontre une région montagneuse avec des pics de près de 3,000 et 4,000 mètres, l'*Alantika* et le *Camerones*. Enfin à l'extrémité occidentale, un massif considérable borde la plaine du Soudan, comme le plateau d'Abyssinie à l'est ; mais il a beaucoup moins d'altitude. C'est le MASSIF DE LA SÉNÉGAMBIE, dont aucun pic ne paraît dépasser 2,000 mètres : il se prolonge le long du golfe de Guinée par les *monts de Kong*, longue chaîne de 1,000 à 1,200 mètres seulement d'élévation. Ces montagnes renferment l'or, l'argent et le fer ; les plaines bien arrosées nourrissent les éléphants et les autruches que l'on chasse pour leur dépouille ; elles contiennent aussi d'immenses forêts des plus gros arbres connus, entre autres le *baobab* dont le tronc atteint jusqu'à 25 ou 30 mètres de circonférence ; il peut vivre plusieurs milliers d'années. On appelle aussi le Soudan la NIGRITIE, parce qu'il est la demeure des principales races nègres ou noires.

Jusqu'à la fin du siècle dernier, ce pays était presque aussi inconnu que le bassin supérieur du Nil. On n'avait de notions précises que sur les deux moindres fleuves

qui l'arrosent, le SÉNÉGAL et la GAMBIE, près du cap Vert.
L'existence du NIGER, presque aussi célèbre que le Nil
dans les récits des anciens, était connue par la reconnaissance de son embouchure dans le golfe de Guinée : mais
on ignorait entièrement la région de ses sources et la direction de son cours, ainsi que la position exacte de la
ville mystérieuse de *Tombouctou*, située près de ses rives
et où aucun Européen n'avait jamais pénétré.

Le Français *Caillié*, parti du Sénégal, parvint jusqu'à
Tombouctou et put en revenir. Mais c'est l'Allemand
BARTH qui, dans un mémorable voyage (1850-56) presque comparable à ceux de Livingstone, nous a donné
les notions les plus scientifiques sur tout le bassin du
lac Tchad, du Niger et de ses affluents. Ses sources précises ne sont pas encore bien déterminées : on sait qu'il
sort des montagnes de Kong et coule du sud-ouest au
nord-est jusque près de Tombouctou ; là il tourne au
sud-ouest, est appelé par les indigènes *Kouara* ou *Djo-
liba*, franchit les brèches des montagnes de Kong et se
jette dans le golfe de Guinée par un vaste delta marécageux. Il déborde comme le Nil, et son lit mesure alors
jusqu'à 15 kilomètres de largeur ; il reçoit un affluent
très-important, la *Tchadda* ou *Bénoué* qui venant de l'est
ouvre une des voies par lesquelles on espère pénétrer
jusqu'au centre de l'Afrique.

26. La Sahara et l'Atlas. — Au nord du Soudan se
développe la PLAINE DU SAHARA, plus basse encore dans
la plus grande partie de son étendue, entre l'Atlas au
nord, l'Atlantique à l'ouest et la mer Rouge à l'est où
elle n'est interrompue que par l'étroite vallée du Nil.
C'est un immense désert, deux fois grand comme la Méditerranée. Longtemps on a cru qu'il était partout également plat et composé de sables brûlants. Mais les ré-

cents voyages des Allemands *Barth* et *Vogel* (1850-56

Fig. 5. — Palmier-dattier.

et du Français *Duveyrier* (1861-63) ont fait mieux con-

naître la véritable nature de ce pays. C'est surtout à
l'ouest que l'on rencontre les sables légers que le vent
amoncelle en rangées de dunes mobiles atteignant parfois 100 mètres d'élévation ; à l'est, le sol est plutôt pierreux que sablonneux ; au centre, au contraire, *s'élèvent
de véritables montagnes* hautes de 1,500 mètres dans *le
plateau d'Asben* et de 1,000 dans celui du *Djebel Hoghar*,
d'où descendent de nombreux cours d'eau arrosant de
fraîches vallées. La plupart viennent finir au sud de
l'Algérie dans des *Chotts* ou lacs temporaires, vaste
dépression qui n'a pas moins, dans quelques endroits,
de 27 mètres au-dessous du niveau de la mer. C'EST LA
PARTIE LA PLUS BASSE DE TOUTE L'AFRIQUE : elle se prolonge
jusqu'à l'isthme de Suez et n'est interrompue vers son
milieu que par l'étroit *plateau de Barcah*, la Cyrénaïque
des anciens, élevé d'environ 300 mètres.

Les eaux descendues de ces plateaux ont créé dans
le désert des espaces fertiles appelés *oasis* et plantés
surtout de palmiers-dattiers (fig. 5), dont le fruit est la
principale nourriture des habitants. Ceux-ci sont les
Touaregs escortant les caravanes qui se rendent des
ports de la Méditerranée dans les villes de l'Afrique
centrale.

L'extrémité nord-ouest de l'Afrique forme une dernière
région bien différente des précédentes : c'est le *massif
de l'Atlas* composé de plateaux bordés de hautes montagnes qu'on distingue en *Atlas Tellien*, formé du petit
et du grand Atlas au nord, et en *Atlas Saharien* ou grand
Atlas au sud. Ils sont reliés par un plateau rempli de
lacs sans écoulement ; c'est au sud-ouest, près de la ville
de Maroc, que se dresse le mont *Miltsin*, la plus haute
cime jusqu'à ce moment connue (près de 4,000 mètres).

3.

26 *bis*. **Résumé de l'Afrique ; géographie physique.**
— L'Afrique est bornée par la Méditerranée, le détroit
de Gibraltar, l'*océan Atlantique*, l'*océan Indien*, le détroit
de Bab-el-Mandeb, la *mer Rouge* et l'isthme de Suez.
Elle se termine au sud par le *cap de Bonne-Espérance*.

C'est la moins découpée des parties du monde et celle
qui renferme le moins d'îles. Le principal golfe est le
golfe de Guinée à l'ouest ; la plus grande île est *Madagascar* dans l'océan Indien ; quelques groupes volcaniques
dans l'océan Atlantique, Madère, les *Canaries*, les îles
du cap Vert.

Les côtes furent découvertes par les Portugais de 1415
à 1497 où *Vasco de Gama* doubla le cap de Bonne-Espérance.

Le relief du sol comprend : le plateau austral depuis
le mont de la Table jusqu'à l'équateur où le Kilimandjaro
dépasse 5,700 mètres ; il se continue par le massif d'Abyssinie, voisin de la mer Rouge.

La plus grande partie du plateau austral a été explorée
par *Livingstone*.

Il renferme le cours ou les sources des principaux
fleuves d'Afrique : le *Zambèze* qui se jette dans l'océan
Indien, après avoir formé dans son milieu la belle chute
Victoria ; le Zaïre ou Congo, le Coanza, l'*Orange*.

L'intérieur de ce plateau est aussi couvert de lacs sans
écoulement ; le plus connu est le lac Ngami au sud.

Le NIL est le plus grand fleuve d'Afrique. Il est composé de deux bras : le *fleuve Blanc* qui sort du lac Vic-
toria-Nyanza sous l'équateur, et le fleuve Bleu qui tra-

verse le lac Dembéa dans l'Abyssinie. Ils se réunissent à *Khartoum* sous le nom de Nil qui coule ensuite dans une vallée étroite entre deux chaines de montagnes jusqu'au Caire ; là il se sépare en deux bras qui enveloppent le *Delta*, le bras de Rosette et celui de Damiette. Son limon féconde l'Égypte.

Au nord du plateau est la *plaine du Soudan*, bornée sur ses bords par les montagnes de Kong et le massif de Sénégambie, mais plate vers le centre où elle renferme un lac sans écoulement, le lac *Tchad*.

Elle est arrosée par le Sénégal et la Gambie à l'ouest, et au centre par le *Niger* exploré par Barth. Il passe près de Tombouctou et se jette dans le golfe de Guinée ; son principal affluent est la Tchadda.

Le *Sahara* est un immense désert, sablonneux à l'ouest, pierreux à l'est et surmonté au centre de quelques massifs montagneux où se trouvent des oasis fertiles.

L'*Atlas* forme au nord une double chaine dont la plus haute cime est le mont Miltsin.

QUESTIONNAIRE

Quelles sont les bornes de la Méditerranée? — son principal golfe? — sa plus grande île? — Que renferme le plateau austral et quel voyageur l'a exploré? — Quels sont les fleuves de ce plateau et le lac le plus connu? — Décrivez le cours du Nil. — Quelles montagnes bordent la plaine du Soudan? — Quel est son principal fleuve et le lac sans écoulement qu'elle renferme? — Quel est le caractère du Sahara? — Quel est le point culminant de l'Atlas?

CHAPITRE III

AFRIQUE. — GÉOGRAPHIE POLITIQUE [1]

DIXIÈME LEÇON

L'Afrique, plongée presque tout entière dans la barbarie, n'a d'importants que les pays colonisés par les Européens ou soumis à l'influence de l'Europe. Ce sont les deux points extrêmes : les rivages de la Méditerranée et le cap de Bonne-Espérance.

27. Les États barbaresques. — On appelle ÉTATS BARBARESQUES le *Maroc*, *Alger*, *Tunis* et *Tripoli* situés sur la côte de la Méditerranée.

Le MAROC est le seul état tout à fait indépendant. Capitale FEZ ; ville principale *Maroc* au sud-ouest et *Tanger* au nord sur le détroit, la principale ville pour les relations politiques et commerciales avec les Européens, principalement avec les Anglais maîtres de Gibraltar situé en face en Espagne ; Ceuta, place forte aux Espagnols.

L'Algérie. — L'ALGÉRIE *est une colonie française depuis* 1830. Ses côtes ont près de 1,000 kilomètres d'étendue et l'on y pêche à l'est le corail ; sa surface est de 39,000,000 d'hectares, presque les quatre cinquièmes de celle de la France. Mais la population n'est que de 3 millions d'habitants.

Elle est sillonnée par les deux chaînes parallèles de l'Atlas qui la divisent en trois régions naturelles : au

1. Voir la carte troisième : AFRIQUE. *Carte politique.*

nord, le *Tell* région propre à la culture du coton et des
céréales, avec de belles forêts et des mines de fer et de
cuivre; elle est arrosée par des fleuves impropres à la
navigation à cause des plateaux qu'ils parcourent : le
principal est le *Cheliff ;* le Tell est surtout habité par les
Kabyles ou Berbers, *population sédentaire* et vouée à la
culture. Au contraire, les *Arabes nomades* ou Bedouins
parcourent avec leurs troupeaux de moutons les deux
autres régions, celle des *hauts plateaux* entre le moyen
et le grand Atlas, et le *Sahara algérien* entrecoupé d'oasis sur la limite du désert.

Politiquement, l'Algérie est divisée en trois provinces : celle d'Alger au centre, chef-lieu ALGER capitale
de toute la colonie; d'*Oran* à l'ouest, et de *Constantine*
place forte située sur un rocher escarpé à l'est.

Le BEYLIK DE TUNIS, à l'est de l'Algérie, est ainsi
nommé parce que son souverain porte le titre de bey ;
capitale TUNIS près des ruines de l'ancienne Carthage,
où la France a fait élever une chapelle en l'honneur de
saint Louis qui mourut en cet endroit (1270) lors de la
dernière croisade.

Le bey de Tunis autrefois soumis au sultan des Turcs
ne reconnaît que nominalement sa suzeraineté; car
il ne lui paie même pas tribut. Il en est tout autrement
du PACHALIK DE TRIPOLI, dont le pacha ou gouverneur
est *directement soumis à l'empire ottoman ;* capitale TRI-
POLI; ville principale *Mourzouk* située beaucoup au sud
dans l'oasis du Fezzan.

28. L'Égypte. — L'EGYPTE si célèbre dans l'antiquité
*est encore aujourd'hui le pays le plus important de l'Afrique
septentrionale.* Elle est gouvernée par *un vice-roi* tributaire du sultan des Turcs, mais qui a développé dans ce
pays la civilisation européenne par la culture du coton

jointe à celle des céréales et par la création de grandes
voies de communication, telles que les canaux et les
chemins de fer. Capitale LE CAIRE sur le Nil, la ville la
plus peuplée de l'Afrique (349,000 hab.); ville principale *Alexandrie*, fondée par Alexandre-le-Grand à l'ouest
du Nil et redevenue aujourd'hui, comme dans l'antiquité, le grand entrepôt du commerce par la mer Rouge
entre l'Europe et l'Inde.

C'est surtout *depuis le percement de l'isthme de Suez*
qu'Alexandrie a pris une telle importance. Cet isthme
large d'environ 120 kilomètres offre vers le centre deux
dépressions appelées *lacs Tim-*
sah et *lacs amers*. Un Français, M. DE LESSEPS, y a fait
creuser un CANAL qui joint
la mer Méditerranée à la mer
Rouge et *évite aux vaisseaux*
la longue et périlleuse circum-
navigation autour de l'Afri-
que; il a été inauguré le 17 novembre 1869. Il y a un double
travail : un grand CANAL MA-
RITIME coupant l'isthme entre
Suez et *Port-Saïd* sur la Méditerranée; un *canal d'eau douce*

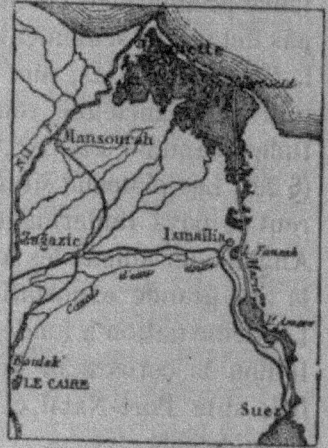

Fig. 6. — Canal de Suez.

partant du Nil pour aboutir à *Ismaïlia* sur le lac Timsah
d'où il se dirige sur Suez et Port-Saïd pour leur porter
l'eau douce dont elles sont privées et les mettre en
communication directe avec Le Caire. (Fig. 6).

LA VICE-ROYAUTÉ D'ÉGYPTE s'étend aussi sur la NUBIE
et le SOUDAN ÉGYPTIEN, c'est-à-dire sur le bassin du Nil
Blanc jusqu'à l'Équateur; ville principale *Khartoum*, place
importante pour le commerce de l'ivoire au confluent

des deux Nils. Toute la côte de la mer Rouge dépend
aussi du vice-roi; mais les Anglais ont occupé dans le
détroit de Bab-el-Mandeb l'île de Périm qui, avec la
place forte d'Aden située à peu de distance en Arabie,
les rend maîtres de la navigation de la mer Rouge et défend leurs possessions de l'Inde contre une attaque maritime qui prendrait la voie du canal de Suez.

Le bassin supérieur du Nil Bleu renferme le Royaume
d'Abyssinie, livré aujourd'hui à l'anarchie.

29. La colonie du Cap. — A l'autre extrémité de
l'Afrique, une colonie européenne a gardé son importance première et l'a même accrue, parce qu'elle n'est
pas demeurée seulement une station commerciale. C'est
la Colonie du Cap, aux Anglais, située juste à mi-che-
min sur l'ancienne route maritime de l'Europe aux
Indes; capitale Le Cap, auprès du mont de la Table.
(§ 22). Les plateaux situés entre les chaînes qui parcourent ce pays renferment d'excellents pâturages où les
Anglais ont amené les meilleures races de moutons : de
là une grande exportation de laines pour l'Angleterre.
La même nation a fondé au nord-est du Cap sur l'Océan
Indien la colonie de Natal, chef-lieu d'Urban dans la
baie dite Port-Natal, et qui fait un commerce considérable de café.

Le Cap appartenait autrefois aux Hollandais. Leurs
colons, ou *Bôers*, qui refusèrent de se soumettre à la
domination anglaise, se réfugièrent au delà du fleuve
Orange et fondèrent entre les bras supérieurs de ce
fleuve et le Limpopo deux États appelés la République
du fleuve Orange et la République du Transvaal; mais
cette dernière a été annexée en 1876 à la colonie anglaise
du Cap, ainsi que la partie occidentale de la première,
dite *Griqua-land*, à qui la découverte des mines de diamant,

donna une subite importance. Enfin, les Anglais ont détruit en 1879 la monarchie militaire des Zoulous, qui menaçait la colonie de Natal, et ils dominent aujourd'hui dans tout le bassin du Limpopo et jusqu'au 20° degré sur les populations indigènes des Cafres à l'Est, des Hottentots et des Betchuanas au centre et des Damaras à l'Ouest.

Non loin de là se trouve la grande île de MADAGASCAR entièrement indépendante. La France, qui avait jadis fondé dans cette île un assez grand nombre d'établissements, les a tous abandonnés à l'exception de la petite *île de Sainte-Marie*, située au nord-est; elle y a ajouté celle de *Mayotte*, dans les Comores ; mais surtout elle a conservé LA RÉUNION (autrefois île Bourbon), la plus occidentale des Mascareignes. Les Anglais y possèdent MAURICE (autrefois Ile-de-France); toutes deux renferment des plantations de sucre et de café.

ONZIÈME LEÇON

30. Principales régions de l'Afrique. — La région du Sahara ne renferme aucun État proprement dit. Celle du Soudan contient un grand nombre d'États nègres dont les deux principaux sont celui de BORNOU, capitale *Kouka*, près du lac Tchad, et celui de TOMBOUCTOU près du Niger. *Ces deux villes sont les points d'arrivée des caravanes parties du Nord.*

L'ouest du Soudan est appelé SÉNÉGAMBIE, du nom de ses deux fleuves, la *Gambie* et le *Sénégal*. Le bassin de ce dernier forme une colonie française, le GOUVERNEMENT DU SÉNÉGAL, capitale *Saint-Louis* près de l'embouchure du fleuve; commerce de gomme et d'arachide (fig. 7), plante qui produit l'huile. Les Anglais occupent le cours de la

Gambie, à l'embouchure de laquelle ils ont fondé la ville
de *Bathurst.*

Les mêmes peuples possèdent aussi quelques comptoirs sur la côte de Guinée. Les Portugais et les Espagnols sont maîtres des îles africaines situées au nord de
l'Équateur : les Espagnols, des *Canaries* et de Fernando

Fig. 7. — Arachide.

Po ; les Portugais, des Açores, de *Madère* où la culture
de la vigne a été remplacée presque entièrement par
celle de la canne à sucre, et des îles du Cap Vert. Le
même peuple possède aussi deux longues colonies sur
les côtes de l'Afrique australe : le Congo, capitale Saint-
Paul de Loanda à l'ouest; le Mozambique, capitale Mo-

zambique à l'est. Mais ces établissements, considéra,
bles pendant trois siècles quand on ne connaissait pa:
d'autre route pour aller aux Indes que celle du cap de
Bonne-Espérance, ont perdu aujourd'hui toute leur importance, ainsi que les deux îles de l'Ascension et de
Sainte-Hélène appartenant aux Anglais; la dernière est
célèbre par le séjour de Napoléon Ier de 1815 à 1821.

Au nord de Mozambique est la côte de ZANGUEBAR, où
des princes d'origine arabe dominent sur des populations
noires. Le principal état est celui de ZANZIBAR, dans l'île
du même nom ; commerce de café.

31. Résumé de l'Afrique; géographie politique.
— Les seuls pays importants de l'Afrique sont au
nord et au sud.

Au nord, les États *barbaresques*, le Maroc, capitale
Fez, Tunis et Tripoli avec des capitales du même nom ;
l'ALGÉRIE, colonie française depuis 1830 ; capitale *Alger*,
villes principales Oran et Constantine ; l'ÉGYPTE, gouvernée par un vice-roi tributaire du sultan ; capitale *le Caire*,
ville principale *Alexandrie*. Le Delta est sillonné de chemins de fer et l'isthme est coupé par le CANAL DE SUEZ, œuvre de M. de Lesseps. La vice-royauté d'Égypte s'étend sur
tout le bassin du fleuve Blanc ; ville principale *Khartoum*,
pour le commerce de l'ivoire.

Au sud, LA COLONIE DU CAP et celle de *Natal*, aux Anglais,
avec un grand commerce de laines et de café ; capitales
le Cap et Durban. Les Anglais possèdent encore près de
Madagascar l'île *Maurice*, et la France celle de *la Réunion*.

Les autres régions de l'Afrique ont beaucoup moins

d'importance. Dans le Soudan, l'État de *Tombouctou*; dans la Sénégambie, la colonie française du *Sénégal*, cap. Saint-Louis, et la colonie anglaise de la *Gambie*, cap. Bathurst; les colonies portugaises de Congo et de Mozambique; l'État de Zanzibar.

QUESTIONNAIRE.

Qu'appelle-t-on États barbaresques? — Citez les villes principales de l'Algérie, celles de l'Egypte — Qui a creusé le canal de Suez? — Quelles sont les colonies des Anglais au sud de l'Afrique? — celles des Portugais à l'est?

CHAPITRE IV

ASIE. — GÉOGRAPHIE PHYSIQUE (1)

DOUZIÈME LEÇON

32. Les limites et les dimensions. — L'ASIE est bornée au nord par l'OCÉAN GLACIAL ARCTIQUE depuis le Kara jusqu'au *détroit de Behring ;* à l'est par le GRAND OCÉAN PACIFIQUE depuis le détroit de Behring jusqu'au *détroit de Malacca ;* au sud par l'OCÉAN INDIEN depuis le détroit de Malacca jusqu'au *détroit de Bab-el-Mandeb ;* à l'ouest par la *mer Rouge* et l'*Isthme de Suez*, la MÉDITER-RANÉE, l'Archipel, le *détroit des Dardanelles*, la mer de Marmara, le *Bosphore*, la *mer Noire*, le CAUCASE, la mer CASPIENNE, le fleuve Oural, les *monts Ourals* et la Kara.

Dans ces limites elle a une SUPERFICIE de plus 40 MIL-LIONS DE KILOMÈTRES CARRÉS, et s'étend entre 1° et 78° de latitude septentrionale et entre 23° 45′ et 178° de longi-tude orientale, c'est-à-dire presque de l'équateur au pôle et sur un peu moins de la moitié de la circonférence du globe. Dans sa plus *grande longueur* elle mesure environ 8,500 kilomètres depuis le *cap Sacré* dans l'Océan gla-cial jusqu'au *cap Romania* à l'extrémité de la presqu'île de Malacca ; et dans sa plus *grande largeur* 10,630 *kilo-mètres* depuis l'*Isthme de Suez* jusqu'au *cap Oriental* dans le détroit de Behring. L'Asie n'est pas seulement la PLUS VASTE DES CINQ PARTIES DU MONDE, *elle est aussi la plus cen-*

---

(1) Voir la carte quatrième : ASIE, *Carte physique.*

trale ; car elle confine à l'Europe sur une longue étendue, elle tient à l'Afrique par l'Isthme de Suez, et elle n'est séparée de l'Amérique et de l'Océanie que par les détroits fort resserrés de Behring et de Malacca.

33. Les mers, détroits, îles, etc. — L'Océan GLACIAL baigne presque partout des côtes basses, où l'on trouve à l'ouest la *mer de Kara ;* et à l'est, l'archipel inhabité des îles Liakhow. Cet océan a été récemment exploré (1878), par le Norvégien *Nordenskiold* qui le premier des Européens a parcouru dans son entier le PASSAGE NORD-EST entre la Norvége et le Japon.

L'Océan PACIFIQUE baigne les côtes les pius étendues de l'Asie et présente cette particularité remarquable qu'il se divise en *cinq mers fermées à l'est par des presqu'îles ou des chaines d'îles volcaniques :* 1° La MER DE BEHRING ainsi appelée du navigateur Russe qui l'explora, ainsi que le détroit du même nom, en 1728 ; au sud de cette mer les *îles Aléoutiennes* ou des Renards sont disposées en demi-cercle et rapprochées comme les piles d'un pont qui joindrait la presqu'île d'Alaska en Amérique à la presqu'île volcanique du *Kamtchatka* en Asie ; 2° La MER D'OKHOTSK entre le Kamtchatka terminé de ce côté par le cap Lopatka, l'archipel des Kouriles à l'est, la grande île *Tarrakaï* à l'ouest séparée du continent par la *Manche de Tartarie* et de l'île d'Iezo par le *détroit de la Pérouse,* que ce célèbre navigateur français explora en 1786 : ces deux mers sont fréquentées par les pêcheurs de baleines ; 3° La MER DU JAPON, entre le détroit de la Pérouse au nord, le *détroit de Corée* au sud, l'archipel Japonais à l'est et la *presqu'île de la Corée* à l'ouest ; moins grande que les deux précédentes, elle est très-poissonneuse et toutes trois sont bordées de rivages généralement élevés ; 4° La MER JAUNE et la mer Bleue ou MER ORIENTALE ont reçu les deux premières appellations à cause des fleuves du même nom qu'elles reçoivent; elles ne forment proprement qu'un seul bassin maritime entre le détroit et la presqu'île de Corée au nord, le *golfe de Petchéli* que creuse la mer Jaune à l'ouest, et l'archipel volcanique des îles *Lieou-Khieou* et *Formose* au sud-est; les rivages sont bas ou découpés en une foule de petites baies bordées d'îles qui offrent de bons ports pour le commerce; 5° LA MER DE CHINE présente le même caractère, surtout dans sa partie septentrionale; elle est à demi fermée à l'orient par l'archipel volcanique des Philippines et par Bornéo, dépendances de l'Océanie; à l'ouest elle présente sur les côtes d'Asie l'île de HONG-KONG, celle d'Haïnan située en avant du *golfe de Tonking*, et le profond *golfe de Siam* entre le cap Cambodge et la presqu'île de Malacca au Sud de laquelle est la petite, mais très importante île de SINGAPOUR.

L'OCÉAN INDIEN présente une toute autre configuration : des récifs madréporiques et des bancs de coraux dans deux bassins largement ouverts au sud sur des espaces sans limites; peu de bons ports sur une longue suite de côtes inhospitalières. Ces deux grands bassins maritimes sont : le golfe du Bengale et la mer d'Oman.

LE GOLFE DU BENGALE, appelé ainsi du nom du pays qu'il baigne au nord, s'étend entre le détroit de Malacca et le cap Comorin au sud de l'Inde. Ses côtes sont basses et parsemées de bancs de sable qu'y apportent les fleuves. Aussi la mer est-elle sans profondeur à une assez grande distance, l'accès du rivage dangereux surtout par l'effet du *ressac*, c'est-à-dire du mouvement particulier qui se produit dans la mer, quand les vagues se redressent avec fracas à la rencontre d'un bas-fond succédant tout à coup à une mer profonde. Il n'y a qu'une seule grande île, CEILAN, séparée du continent par le *détroit de Palk* presque fermé à la navigation par une chaîne de récifs appelés Pont-d'Adam.

La MER D'OMAN s'étend entre l'Inde et l'Arabie dont la côte méridionale, appelée Oman, a donné son nom à la mer. Le rivage est d'abord escarpé à l'ouest de l'Inde jusqu'à Bombay, au nord duquel il s'abaisse pour enfermer entre le *golfe de Cambaie* et le marais de Koutch, la *presqu'île de Guzerate*. Les côtes sont ensuite sablonneuses et brûlantes jusqu'au *détroit d'Ormuz* qui donne entrée dans le GOLFE PERSIQUE tout semé d'îles où l'on pêche les perles et de récifs de corail; la côte d'Arabie sur la mer d'Oman ne renferme qu'un seul bon port, celui d'Aden; la côte de la MER ROUGE est aussi bordée de récifs de corail dont les navires ont soin de se tenir éloignés; on y entre par le DÉTROIT DE BAB-EL-MANDEB dans lequel est la petite île de Périm.

La MÉDITERRANÉE baigne d'abord la côte presque droite de la Syrie, creusée au nord par le petit golfe d'Alexandrette (anciennement d'Issus) où commence la côte d'Asie-Mineure. Celle-ci est escarpée; l'Archipel à l'ouest y creuse beaucoup de baies entre des presqu'îles allongées en avant desquelles s'avancent des îles rocheuses célèbres dans l'antiquité : *Chypre*, *Rhodes*, Samos, Chios, Lesbos, etc. Les DÉTROITS DES DARDANELLES (ancien Hellespont) et du BOSPHORE ou canal de Constantinople (ancien Bosphore de Thrace), par lesquels on passe de l'ARCHIPEL (mer Egée) dans la MER DE MARMARA (Propontide) et dans la MER NOIRE (Pont-Euxin) sont de véritables fleuves maritimes, larges à peine de 3 à 6 kilomètres, sans récifs, sans bancs de sable et si profonds que les plus grands vaisseaux de guerre peuvent mouiller au pied des palais bâtis sur ces rivages. Sur la mer Noire, la côte d'Asie est généralement escarpée et ne renferme aucune île.

TREIZIÈME LEÇON

35. Le plateau central et ses chaînes. — Le sol
de l'Asie présente tous les contrastes : d'une part les
plus hautes *montagnes* et les *plateaux* les plus élevés et
les plus étendus qu'il y ait sur le globe; d'autre part
d'immenses *plaines* basses et de vastes *dépressions*, c'est-
à-dire des terrains situés au-dessous du niveau des mers
extérieures.

La grande masse de l'Asie présente plusieurs systèmes
de montagnes : le plus important est le groupe central.

Le GROUPE CENTRAL se compose de plusieurs chaînes
parallèles dont la principale est l'HIMALAIA (1), situé au
nord de l'Inde. Cette chaîne renferme les *plus hautes montagnes du globe.* « Elle s'élève brusquement au-dessus de
« la plaine unie de l'Inde comme un gigantesque entas-
« sement de montagnes aux sommets arrondis, étagées
« en amphithéâtre les unes au-dessus des autres sur
« une largeur de près de 150 kilomètres. Sur les pre-
« mières montagnes, disposées comme un espalier pour
« recevoir les rayons du soleil, la végétation est celle des
« tropiques ; les bambous, les palmiers abondent. A
« mesure qu'on s'élève, les plantes de la zone tempérée
« les remplacent, et jusque vers une altitude de 3,000 mè-
« tres on trouve quelques cultures et des vastes her-
« bages parsemés de tilleuls, de sycomores, d'érables, de
« chênes, de cèdres, au milieu desquels se distingue le
« gracieux cèdre déodora, de mélèzes et de pins ; là se
« trouvent de belles et fertiles vallées (vallée de Cache-

(1) Voir dans la carte de l'Asie *le carton pour l'Himalaia central.*

« mire, etc.). Au delà, rien que des herbes au milieu des

Fig. 8. — Gaurisankar.

4

« rochers. Puis, au-dessus de 4,000 mètres toute verdure
« cesse et l'on ne voit plus que la roche nue, les glaciers
« et les neiges éternelles (vers 5,300 mètres) qui ont
« valu à cette chaîne le nom d'Himalaia, c'est-à-dire
« séjour de la neige; certains glaciers y ont plus de
« 50 kilomètres de largeur. C'est dans ce massif que
« sont les grands sommets, le GAURISANKAR ou mont
« Everest (8840 mètres, fig. 8), la PLUS HAUTE MONTAGNE
« DU GLOBE, et plus de 200 autres sommets dépassant
« 6000 mètres et que nul homme n'a jamais gravis. (*Le-*
« *vasseur*. LA TERRE.) »

L'Himalaia se rattache au nord-ouest à un *nœud*
considérable, c'est-à-dire à un massif d'où se séparent
plusieurs chaînes dans des directions différentes. C'est le
nœud du Belour ou PLATEAU DE PAMIR, qui projette au sud
les *monts Soliman* parallèles au cours de l'Indus ; à
l'ouest l'*Hindou-Kouch* avec des pics de 5,000 mètres ;
à l'est les *Thian-Chan* ou Monts Célestes, avec des sommets de 5 à 6,000 mètres; au nord-est l'ALTAÏ, (c'est-
à-dire Mont d'Or, à cause de ses mines) et les *monts
Sayansk* composés de hautes terrasses marécageuses
dont quelques sommets dépassent 3,000 mètres. Entre
l'Himalaya et l'Altaï se développent *deux vastes plateaux*, c'est-à-dire *des surfaces généralement unies et sen-
siblement élevées au-dessus des plaines environnantes;* le
plus important est le PLATEAU DU TIBET au nord de l'Himalaya; il a une altitude de 4 à 5,000 mètres, *c'est
le plus haut plateau du globe*; l'autre est le GRAND PLA-
TEAU CENTRAL beaucoup plus étendu que le précédent,
mais singulièrement moins élevé, puisqu'il n'est plus
qu'à une altitude de 1,200 mètres dans sa partie occidentale, et de 1,000 à 800 dans sa partie orientale dite
Désert de Gobi ou *de Chamo*, sablonneux, sans eau et ba-

layé par des vents très-froids dûs au voisinage de la
Sibérie.

L'Himalaya se rattache aussi vers son extrémité sud-est
aux *monts Nan-Ling* et *Pé-Ling* dans la Chine centrale ; ils
se terminent par des terrasses bien cultivées entre lesquelles s'étend jusqu'au Pacifique la fertile *plaine de
la Chine*. Au nord l'Altaï se prolonge par les *monts Ja-
blonoï* simples monticules boisés, et par les *monts
Stanovoï* terminés au cap Oriental dans le détroit de
Behring ; ils se rattachent confusément aux pics volcaniques du Kamschatka.

36. Les plateaux du Sud. — Au sud de l'Himalaia se
développe la grande péninsule triangulaire de l'Inde,
composée d'abord de la *plaine de l'Indoustan* entre l'Himalaia et les monts Vindhia, admirablement fertile dans
les vallées de l'Indus et du Gange, mais partout exposée
à des chaleurs étouffantes et présentant à l'est le *desert de
Thurr* ou désert Indien, le dernier de ces espaces sablonneux qui forment dans l'Asie occidentale comme le
prolongement du Sahara africain. Au sud de cette plaine
on trouve le *plateau du Dekkan* bordé par trois chaînes de
montagnes : les *Vindhya* au nord, les *Ghats occidentales*
dominant presque à pic la mer d'Oman avec leurs sommets dont quelques-uns dépassent 1,500 mètres, les
Ghats orientales beaucoup moins élevées (500 mètres) et
assez éloignées du golfe de Bengale.

QUATORZIÈME LEÇON

37. Les plateaux de l'Ouest. — Le PLATEAU DE PERSE
ou de l'IRAN est beaucoup plus haut en général et pré-

sente des caractères tout différents. On appelle ainsi la région comprise entre l'Indus et le Tigre et bordée de tous côtés par des chaînes plus élevées qui retiennent les eaux à l'intérieur. Ces chaînes sont : à l'est les *monts Soliman* et les *monts Hindou-Kouch* prolongement de l'Himalaia, au nord les *monts Elbrouz* dans lesquels le pic volcanique du Demavend se dresse à plus de 5,850 mètres au sud de la Caspienne, au sud la chaîne plus basse des *monts Elvend* qui borde le golfe Persique et la mer d'Oman. Partout le plateau se tient au-dessous de ces hauteurs, descendant de 1,800 mètres à l'est où sont de beaux pâturages jusqu'à 1,000 à 500 mètres au centre et au sud, région parsemée de déserts salés et de steppes arides; quelques vallées (celle de Chiraz) jouissent d'un plus doux climat et d'une plus grande fertilité. Il résulte de cette disposition du plateau, qu'à l'exception de quelques rivières sans importance qui tombent dans la Caspienne, les cours d'eau sont tous rejetés à l'intérieur dans des lacs sans écoulement.

Il en est tout autrement des *monts d'Armenie* dont le massif principal est l'*Ararat* (5,165 mètres) au sud, et la grande chaîne du Caucase au nord. Celle-ci s'allonge du sud-est au nord-ouest entre les mers Noire et Caspienne et présente vers le centre les hautes cîmes de l'Elbourz (5,660 mètres) et du Kazbek (4,880 mètres); elle se termine par deux presqu'îles, celle d'Apscheron à l'est et celle de Taman à l'ouest; la première escarpée, la seconde basse, mais toutes deux reposant sur un sol volcanique percé d'innombrables puits de feu d'où jaillissent le naphte, le pétrole et le bitume. Cette région montagneuse se prolonge à l'ouest par le plateau d'Asie-Mineure, bordé vers la Méditerranée par la chaîne du Taurus qui offre des sommets de plus de 3,000 mètres

et des gorges étroites appelées par les anciens « Portes
de Cilicie ». Au centre le plateau s'élève de 1,000 à 1,800
mètres et rappelle celui de la Perse par le grand nombre
de ses lacs salés, par la masse du mont *Argée* (3,840 mètres) couronné de neige, par le rebord septentrional
formé de hautes terrasses descendant vers la mer Noire ;
si elles ne rejettent pas les fleuves vers le centre, elles
les rendent innavigables. Le plateau se prolonge à l'ouest
par plusieurs chaînes parallèles, enfermant les vallées
fertiles dans l'antiquité de la Lydie et de l'Ionie, décou-
pant à leur extrémité ces péninsules qui dentellent
pour ainsi dire la côte de l'Archipel et dont les îles voisines ne semblent être que des morceaux détachés.

Au sud du plateau de l'Asie-Mineure, les chaînes du
LIBAN se dressent parallèlement à la Méditerranée. Le
Liban est le plus occidental et le plus élevé (un de ses
sommets dépasse 3,000 mètres) ; l'*Anti-Liban* s'abaisse à
l'est en un plateau incliné qui forme le *désert de Syrie*
avec une altitude de 5 à 600 mètres. Une curieuse région s'étend entre les deux chaînes du Liban ; c'est la
Cœlésyrie ou Syrie creuse des anciens, vallée profondément encaissée et s'abaissant fortement vers le sud où
elle se termine par le *gouffre de la mer Morte*, *inférieur
de 393 mètres au niveau de la Méditerranée.*

Le désert de Syrie conduit insensiblement au PLATEAU
D'ARABIE, composé au nord d'un désert pierreux et de
la presqu'île triangulaire où le *Sinaï* se dresse à 2,835
mètres ; au centre d'une région montagneuse de près de
1,000 mètres de hauteur, le *Nedjed* relativement fertile
parce que les sommets y déterminent la formation de la
pluie ; au sud s'étend le désert brûlant et sablonneux
qui relie le Sahara africain aux déserts de Perse et de
l'Inde occidentale ; il est bordé au sud par les hautes

4.

terrasses de d'Iemen et de l'Oman qui donnent à ces
pays, comme au Nedjed, une assez grande fertilité.

Entre ces trois plateaux d'Arabie, d'Asie-Mineure et
de Perse est enfermée la *vallée du Tigre et de l'Euphrate ;* l'espace compris entre les deux fleuves est la
plaine de Mésopotamie, pays célèbre dans l'antiquité,
offrant quelques parties pierreuses et sablonneuses vers
le centre, d'autres malsaines aux abords du golfe Persique.

Enfin l'OURAL est une longue chaîne de près de 3000
kilomètres du nord au sud, composée d'une suite de
plateaux offrant quelques pics élevés de 1500 à 1700 mètres au nord et au centre, mais singulièrement abaissée
vers le sud ; elle présente une dépression vers *Ekaterinen-
bourg*, où passe à 408 mètres seulement de hauteur la
principale route entre l'Europe et l'Asie.

Les plaines du Nord et du Nord-Ouest. — Jusqu'ici l'Asie nous a présenté surtout des montagnes et
des plateaux ; mais le nord-ouest et le nord forment
une région de plaines aussi vaste que l'Europe entière. Du
plateau central à la Caspienne s'étend la PLAINE DU TUR-
KESTAN, fertile encore dans sa partie orientale et dans la
vallée des fleuves qui l'arrosent, ailleurs composée de
déserts pierreux et sablonneux au sud, de steppes her-
beuses au Nord. Cette plaine est généralement très-
basse, surtout au nord et à l'ouest de la Caspienne où
sur certains points elle forme une *dépression inférieure de
27 mètres au niveau de la mer.*

Mais bien plus vaste encore est la PLAINE DE SIBÉRIE,
inclinée depuis l'Altaï jusqu'à l'Océan glacial. Fertile
dans les vallées voisines des montagnes, elle est composée au centre de ·vastes steppes d'une altitude
moyenne de 300 mètres, et plus au nord de *Toundras*,

c'est-à-dire de plaines marécageuses gelées pendant dix mois de l'année et couvertes pendant le court été polaire de lichens et de mousses. Aucun obstacle ne la garantissant des vents du nord, *c'est une des parties les plus froides du globe*. On y voit le thermomètre descendre jusqu'à 54° au-dessous de zéro.

Les îles de l'Asie renferment généralement de hautes montagnes : les plus connues sont le volcan *Fusiiama* (4,200 m.) au Japon, et le pic d'Adam au sud de Ceylan.

QUINZIÈME LEÇON

39. Les fleuves et les lacs. — De la disposition des montagnes et de la grande inégalité entre les diverses parties du sol, naît la distribution particulière des cours d'eau. On distingue en Asie *quatre versants extérieurs* ou *maritimes*, c'est-à-dire quatre grandes régions arrosées par des fleuves se rendant dans des océans ; et *deux bassins intérieurs* ou *lacustres*, c'est-à-dire deux régions où les eaux s'arrêtent dans des lacs sans écoulement.

Les quatre versants maritimes sont les suivants :

1° Le versant du Nord ou de l'Océan glacial qui porte à cet Océan trois grands fleuves glacés une partie de l'année, longs chacun de plus de 4,000 kilomètres, mais dont le cours est lent en raison des plaines unies qu'ils arrosent ; ce sont : l'*Obi* grossi de l'Irtysch et du Tobol ; l'*Iénisseï* recevant la Toungouska sortie du *lac Baïkal* allongé en un demi-cercle étroit du sud au nord, mais assez considérable pour remplir une surface de 39,000 kilomètres carrés, c'est-à-dire presque aussi vaste que la

Suisse ; l'Obi et l'Iénisseï coulent au nord-ouest et se jettent par des *estuaires*, c'est-à-dire par une *bouche unique et très-large*, surtout celle de l'Obi qui est un véritable golfe maritime. Le troisième fleuve, la *Léna*, se dirige au contraire au nord-est et forme un delta marécageux.

2° Le VERSANT DE L'EST ou de L'OCÉAN PACIFIQUE est bien plus important par l'étendue navigable de ses fleuves et la richesse des pays qu'ils arrosent. Ce sont : l'*Amour* (environ 4,000 kilomètres), traversant des contrées boisées et décrivant une courbe profonde vers le sud pour couler ensuite au nord et se jeter en face de l'île Tartarie dans la Manche de Tarrakaï ; le *Pei-ho* peu étendu, mais coulant dans le voisinage de Peking et débouchant dans le golfe de Pétchéli ; le HOANG-HO ou *fleuve Jaune* (plus de 3,700 kilomètres) décrivant plusieurs courbes dans le même sens que le fleuve Amour, mais causant souvent de grands ravages dans sa vallée inférieure par ses débordements ; son embouchure s'est même déplacée depuis plusieurs années, ses eaux s'étant portées beaucoup plus au nord dans le golfe de Petchéli où il se jette aujourd'hui à peu de distance du Pei-ho, et ayant presque abandonné leur ancien lit dirigé vers la mer Jaune ; le IANG-TSE-KIANG, appelé par les Européens le *fleuve Bleu* et par les Chinois le GRAND FLEUVE ; c'est en effet *le cours d'eau le plus considérable de toute l'Asie*, plus de 5,000 kilomètres. Sorti du plateau du Tibet, il est quelquefois resserré dans son cours supérieur entre des roches élevées ; plus souvent il coule dans une vaste plaine bordée de lointaines collines, et à 1,800 kilomètres de son embouchure il a déjà plusieurs kilomètres de largeur. Il reçoit par des affluents les eaux des *lacs Tong-Ting* et *Poiang* et se jette dans la mer Orientale au milieu d'îles basses formées par l'immense quantité de limon qu'il dépose. Ces trois fleuves chinois, le Peï-ho, le Hoang-ho et le Kiang sont réunis par le *grand canal impérial* qui n'a pas moins de 1,040 kilomètres de longueur. Le *Si-Kiang*, moins étendu que les précédents, est appelé au-dessous de Canton le *Tigre Chinois*, parce qu'une île située à l'endroit où il se développe en un vaste estuaire a quelque ressemblance avec un tigre accroupi.

L'Indo-Chine verse au Pacifique trois fleuves considérables : le *Sang-koi* dans le golfe de Tonking ; le Cambodge ou Meï-Kong récemment exploré sur la plus grande partie de son cours par une expédition envoyée de notre colonie française de Cochinchine sous le commandement de MM. de Lagrée (mort pendant le voyage) et F. Garnier ; en bravant mille fatigues et mille dangers, ils remontèrent le fleuve jusqu'aux monts Nan-Ling, mais ne purent parvenir jusqu'à ses sources situées beaucoup plus au nord dans le Tibet ; ils revinrent en descendant le cours du Yang en Chine ; le *Meï-Nam* traverse de vastes forêts au nord, des plaines marécageuses au sud et débouche dans le golfe de Siam.

SEIZIÈME LEÇON

40. — 3° Le versant du Sud ou de l'Océan indien reçoit d'abord un fleuve de l'Indo-Chine, l'*Iraouaddi*, dont les sources ne sont pas mieux déterminées que celles du Meïnam et du Cambodge. Mais au fond du golfe de Bengale se jette un fleuve bien plus important, le Gange ; sorti de l'Himalaia, il décrit une courbe vers le sud-est et se répand sur un immense delta marécageux et rempli de bois impénétrables ap-

pelés jongles, repaires des caïmans et des tigres. Dans
ce delta vient se confondre le *Brahmapoutre* naissant sur
le versant septentrional de l'Himalaia et traversant les
hauts plateaux du Tibet avant d'entrer dans la plaine
de l'Inde. Entre les bouches du Gange et le cap Comorin, le plateau du Dekkan verse deux fleuves principaux :
la *Krichna* à l'est, descendue des terrasses des Ghats occidentales et s'épanchant en delta dans la plaine basse qui
s'étend au pied des montagnes orientales; à l'ouest, la
Nerbuddah dans le golfe de Cambaie. Le dernier fleuve
de l'Inde est le plus considérable; c'est celui qui lui a
donné son nom, l'INDUS ou SIND (2,800 kilomètres), né
comme le Brahmapoutre sur le versant septentrional de
l'Himalaia qu'il franchit par une brèche élevée avant
de se précipiter dans la plaine formée de ses alluvions
jusqu'à son delta; il reçoit quatre affluents principaux :
de là le nom de PENDJAB ou *pays des cinq rivières* donné
à la partie moyenne du cours de l'Indus.

Dans le golfe Persique tombent les deux fleuves si célèbres dans l'antiquité, le TIGRE et l'EUPHRATE, sortis
des monts d'Arménie; ils se réunissent à peu de distance de leur embouchure en un seul cours d'eau appelé
le *Chatt-el-Arab*.

4° Le VERSANT DE L'OUEST ou de la MÉDITERRANÉE ET DE
LA MER NOIRE est beaucoup moins étendu et ne reçoit
que de bien moindres cours d'eau ; le plus important
est le *Kizil-Ermak* (ancien Halys) dans l'Asie-mineure.

Les deux bassins intérieurs sont ceux des plateaux et
des dépressions. Les premiers sont situés au centre et
à l'ouest. Ce sont : dans le plateau central, le lac *Khou-
khou-noor*, le *lac Lop* où tombe le *Tarim ;* dans le plateau
de Perse, le fleuve *Hilmend* tributaire du *lac Hamoun*;
dans les monts d'Arménie, les *lacs Van* et *Ourmiah*.

Dans cette même région occidentale il a déjà été fait
mention d'une dépression considérable, celle de la MER
MORTE (393 mètres au-dessous de la Méditerranée) qui
reçoit le *Jourdain*. Mais la *plaine du Turkestan est par
excellence la région de ces lacs sans écoulement*; on les
compte par centaines. Trois seulement ne peuvent être
omis à cause de leur étendue et de l'importance de leurs
fleuves : le *lac Balkasch*, le lac ou MER D'ARAL qui reçoit au nord le *Sir-Daria* ou Sihoun (ancien Iaxarte),
et au sud l'*Amou-Daria* ou Djihoun (ancien Oxus).
L'embouchure de ce dernier fleuve s'est déplacée,
comme celle du Hoang-ho en Chine, mais depuis
plus de deux siècles déjà; auparavant il se dirigeait
vers un golfe de la Caspienne par un lit reconnais-
sable encore aujourd'hui, et qu'il remplit même en partie lors des crues considérables. La CASPIENNE est le
plus grand des lacs du globe, mais mérite le nom de mer
par son étendue et la salure de ses eaux; elle est allongée
du sud au nord, profonde et bordée de côtes escarpées
au sud où elle reçoit le *Kour* grossi de l'Aras, au contraire basse et bordée de côtes plates au nord où tombe
l'*Oural*, limite de l'Europe et de l'Asie.

Un *caractère tout particulier aux fleuves asiatiques*, c'est-
ce qu'on appelle leur *dualité :* c'est-à-dire qu'ils coulent
deux à deux et comme par paires, naissant à peu de distance l'un de l'autre dans la même région montagneuse,
s'écartant ensuite pour embrasser de vastes plaines ou
mésopotamies généralement fertiles, et se rapprochant
enfin par des embouchures voisines ou même confon-
dues. Observez cette remarquable disposition au nord
dans l'Obi et l'Iéniéssi; à l'est dans le Hoang-Ho et le
Yang-tse-Kiang; au sud dans le Brahmapoutre et le
Gange; enfin dans le Tigre et l'Euphrate.

40 *bis.* **Résumé de l'Asie; géographie physique**. — L'Asie est bornée par l'*Océan Glacial*, le détroit de Behring, l'*Océan Pacifique*, le détroit de Malacca, l'*Océan Indien* et la mer Rouge, l'isthme de Suez, la Méditerranée, l'Archipel, les détroits des Dardanelles et du *Bosphore*, la mer Noire, le Caucase, le fleuve Oural et les monts Ourals.

C'est la plus vaste et la plus centrale des cinq parties du monde. L'Océan Pacifique se divise en cinq mers considérables : les mers de Behring, d'Okhotsk, du *Japon*, Orientale et de *Chine;* il renferme de ce côté un grand nombre d'*îles volcaniques*, entre autres *celles du Japon*.

L'Océan Indien comprend à l'est le *golfe du Bengale* avec la grande île de *Ceilan*, à l'ouest la *mer d'Oman* qui forme elle-même le golfe Persique avec le détroit d'Ormuz et le golfe Arabique ou mer Rouge avec le détroit de Bab-el-Mandeb que ferme presque la petite île de Périm.

Le *relief du sol* présente : la grande chaîne de l'*Himalaia* avec le mont *Gaurisankar*, le plus haut du globe, les monts Célestes et Altaï; entre ces puissantes chaînes s'étendent deux plateaux, le *plateau du Tibet*, le plus élevé qu'il y ait sur la terre, et le grand plateau central de l'Asie, moins haut, mais beaucoup plus étendu. Au sud de l'Himalaia., le *plateau du Dekkan* entre les monts Vindhia et les Ghâts orientales et occidentales.

A l'**ouest** on rencontre le plateau de Perse, parsemé au centre de déserts salés, les monts d'Arménie avec les hautes cimes de l'*Ararat* et du *Caucase*, le plateau d'Asie-Mineure, formé par le Taurus, les chaînes parallèles du *Liban* et de l'Anti-Liban et le plateau pierreux d'Arabie.

Les plaines sont également remarquables, entre autres la *fertile plaine de l'Indoustan* entre l'Himalaïa et le Dekkan, la *plaine de Chine* à l'est, les immenses plaines de Sibérie et de Turkestan, aussi vastes que l'Europe entière, et la *Mésopotamie* entre le Tigre et l'Euphrate. On remarque aussi des dépressions ou espaces situés au-dessous du niveau des mers extérieures; la plus vaste est celle de *la Caspienne*, la plus profonde celle de la *mer Morte*.

Les fleuves de l'Asie coulent dans quatre directions différentes : au nord dans l'Océan Glacial, l'Obi, l'*Iénisseï* au bassin duquel appartient le vaste lac Baïkal, la Léna;

A l'est dans l'Océan Pacifique, l'Amour, le Pei-ho, surtout les deux grands fleuves chinois, le *Hoang-ho* dont l'embouchure est aujourd'hui dans le golfe de Pé-tchéli, et le IANG-TSE-KIANG, le plus étendu de toute l'Asie ; le Si-Kiang ou Tigre chinois, le Sang-koï, le *Cambodje* ou *Meï-Kong* exploré par une expédition française, et le Meï-nam.

Au sud dans l'Océan Indien, *l'Iraouaddi,* surtout les deux grands fleuves de l'Inde, le GANGE et l'INDUS formant à leur embouchure de vastes deltas, la Krichna et la Nerbuddah arrosant le plateau du Dekkan; le Chat-el-Arab formé de la réunion du *Tigre* et de l'*Euphrate*.

A l'ouest dans la mer Noire, le Kizil-Ermak, ancien Halys, traversant la péninsule d'Asie-Mineure.

On distingue en outre deux régions dont les fleuves et les lacs ne se rendent pas dans les mers extérieures : la région des hauts plateaux de l'ouest et du centre avec les fleuves Tarim, Hilmend, les lacs Van et Ourmiah ; la région des dépressions occidentales avec le *Jourdain* qui tombe dans la mer Morte, la CASPIENNE, le plus grand lac du globe, qui reçoit l'Oural, et le *lac Aral* où tombent deux fleuves considérables, le *Sir-Daria* et l'*Amou-Daria*, anciennement Iaxarte et Oxus.

QUESTIONNAIRE.

Quelles sont les limites de l'Asie et ses points extrêmes au nord, à l'est et au sud ? — Quelles mers forme l'Océan Pacifique et quelle ressemblance ces mers offrent-elles ? — Décrivez l'Océan Indien ? — Quelles sont les grandes chaînes de l'Asie ? — Quel est le plus haut point du globe ? — Quels sont les deux principaux plateaux de l'Asie ? — Indiquez les plateaux secondaires de l'ouest. — Quelles sont les plaines, les dépressions ? — Citez les fleuves qui se rendent dans l'Océan Glacial ; — dans le Pacifique ; — quel est le plus grand de ceux-ci ? — dans l'Océan Indien. — Quels sont les fleuves et les lacs des plateaux ? — des dépressions ?

CHAPITRE V

ASIE. GÉOGRAPHIE POLITIQUE. [1]

DIX-SEPTIÈME LEÇON

L'Asie est composée, comme l'Afrique, de colonies européennes et d'États indépendants; mais les uns et les autres sont beaucoup plus considérables. On peut les répartir entre quatre grandes régions : l'Ouest, le Nord-Ouest, le Sud et l'Est.

41. L'Asie occidentale. — L'ASIE OCCIDENTALE renferme sept États ou régions entre l'Europe et l'Indus.

La RUSSIE D'ASIE OU LIEUTENANCE DU CAUCASE, pays peu étendu, mais fort important par sa position entre le Caucase et l'Ararat, la mer Noire et la mer Caspienne; sa possession donne aux Russes une grande influence sur toute l'Asie occidentale; capitale *Tiflis*; v. p. *Batoum*, bon port sur la mer Noire.

La TURQUIE D'ASIE beaucoup plus vaste se compose de l'Asie-Mineure, du bassin du Tigre et de l'Euphrate, et de la Syrie. V. p. *Smyrne*, grand port de commerce sur l'Archipel ; *Mossoul* sur le Tigre, près de l'emplacement de l'ancienne Ninive ; sur le même fleuve *Bagdad*, l'ancienne capitale des califes ou souverains arabes au moyen âge ; en Syrie, *Damas* sur les confins du désert; *Beyrouth* le principal port de la côte; dans l'intérieur, *Jérusalem*.

L'ARABIE est divisée en quatre parties principales. La côte de la mer Rouge, appelée HEDJAZ, est une dépen-

---

[1] Voir la carte cinquième : ASIE, *Carte politique.*

dance de l'empire Ottoman ; v. p. LA MECQUE et *Medine*,
les villes saintes des sectateurs de Mahomet ou musulmans
qui s'y rendent tous les ans en pèlerinage : *Djedda*, le
principal port de la mer Rouge. Le sud ou IEMEN est la
partie la plus fertile, surtout pour la culture du café ;
v. p. *Moka* aux Turcs ; ADEN bon port et place très-
forte appartenant aux Anglais, ce qui, avec la possession de l'île *Perim* dans le détroit de Bab-el-Mandeb, les
rend maîtres de l'entrée de la mer Rouge. Au centre le
NEDJED, où l'on élève les meilleurs chameaux et les chevaux les plus renommés, est un état considérable connu
récemment par le voyage de l'Anglais Palgrave (1862-63);
capitale *Riadh*. A l'est l'OMAN, dans une position importante entre la mer d'Oman et le golfe Persique; aussi
sa capitale, MASCATE, est-elle le centre d'un grand commerce entre l'Arabie, les côtes de Perse et de l'Inde, et
celles même de l'Afrique orientale.

La PERSE ou IRAN rappelle le grand empire ancien
dont le royaume actuel n'occupe que le centre, entre le
golfe Persique et la mer Caspienne ; cap TÉHÉRAN au
nord.

La partie orientale du plateau est répartie entre le BE-
LOUTCHISTAN, habité par des peuplades barbares qui re-
connaissent quelquefois pour chef le khan de Kélat;
L'AFGHANISTAN à peine mieux organisé, mais dont la
ville principale, *Caboul*, tient une position militaire et
politique de premier ordre sur le défilé par lequel on pénètre au nord-ouest dans l'Inde; il s'est agrandi récemment des importantes villes de Hérat à l'est et de Balk
(l'ancienne Bactres) au nord.

42. Asie septentrionale : Turkestan et Sibérie. —
Si les Russes ne possèdent que peu de territoires à
l'ouest de l'Asie, leur domination s'étend sur la plus
grande partie du nord-ouest et du nord, presque aussi

considérable que toute l'Europe. Depuis vingt ans, ils y ont singulièrement agrandi leur empire aux dépens du Turkestan et de la Chine.

Le TURKESTAN indépendant comprenait autrefois la vaste région comprise entre le rebord du plateau central au sud et à l'est, la Caspienne à l'ouest et les sources de l'Irtisch et du Tobol (§ 39) au nord ; mais les conquêtes des Russes l'ont resserré au sud jusqu'au bassin moyen et inférieur de l'Amou-Daria. Ce n'est plus qu'un assemblage de tribus anarchiques gouvernées par des khans ou princes, dont les principaux résident à *Khiva* et à BOUKKARA.

La Russie a conquis une portion notable de leur territoire dont elle a formé le TURKESTAN RUSSE, v. p. *Taschkend*, *Samarcande* et *Khokand;* elle y a bâti des forts pour assurer sa domination sur les tribus nomades des Kirghis qui l'habitent. Le reste de l'Asie septentrionale forme la SIBÉRIE, divisée en SIBÉRIE OCCIDENTALE dans le bassin de l'Obi, ville principale *Tobolsk;* en SIBÉRIE ORIENTALE dans le bassin de l'Iénisseï et de la Léna, ville principale *Irkoutsk* près du lac Baïkal ; et en PAYS DE L'AMOUR dans le bassin de ce fleuve, cédé presque entièrement par la Chine avec l'île de *Tarrakaï*; ville principale *Nicolaïewsk*, à l'embouchure de l'Amour. La Sibérie n'est pas aussi stérile que pourrait le faire croire son climat rigoureux. Les céréales et le lin sont cultivés dans les vallées voisines de l'Altaï ; ces montagnes renferment de riches mines d'or, d'argent, de fer, de cuivre et des carrières de marbre; le nord nourrit un grand nombre d'animaux : ours blancs, renards, martres, hermines, dont la fourrure fait l'objet d'un commerce considérable ; une grande route de poste et un réseau télégraphique rejoignent ces villes de Sibérie et jusqu'aux ports du Pacifique avec la capitale de l'empire russe en Europe, Saint-Pétersbourg, distante de plus de 14,000 kilomètres.

DIX-HUITIÈME LEÇON

43. Asie orientale: Chine et Japon. — L'EMPIRE CHINOIS est, avec l'empire russe, le plus étendu du globe (11 millions et demi de kilomètres carrés). Il est aussi de beaucoup le plus peuplé, s'il est vrai qu'il ne compte pas moins de 425 millions d'habitants. On distingue les pays directement soumis et les contrées simplement tributaires.

Les premiers comprennent la CHINE proprement dite dans le bassin des fleuves Peï-ho, Hoang-ho, Yang-tse et Si-Kiang, avec les îles Formose et Haï-nan. Auparavant fermée à tout commerce extérieur, elle a ouvert depuis 1842 plusieurs de ses ports au commerce européen représenté principalement par l'Angleterre. Les principaux sont : *Tien-tsin* sur le Peï-ho, près de PÉKING la capitale (environ 1,500,000 habitants avec les faubourgs) ; SHANG-HAÏ, le plus important de tous ces ports, sur un des bras du Yang. En remontant ce fleuve, *Kiou-Kiang* et *Han-Kéou* à plus de 800 kilomètres dans l'intérieur; sur la côte, *Fou-tchéou* et *Amoy ;* sur le Si-Kiang, *Canton* qui a perdu une partie de son importance depuis que les Anglais se sont fait céder à l'embouchure l'île de HONG-KONG, devenue avec Shang-Haï le principal entrepôt de cet immense commerce, consistant en coton, soie, porcelaine et surtout en *thé* (fig. 9 et 10) ; les Anglais importent en échange l'opium de l'Inde. Entre Canton et Hong-Kong, les Portugais qui les premiers des

Européens abordèrent en Chine dès 1517 possèdent la ville de Macao, aujourd'hui sans importance commerciale.

Les pays tributaires sont : la CORÉE et la *Mandchourie* au nord ; la *Mongolie* au centre ; le TIBET au sud. La

Fig. 9. — Arbre à thé

Tartarie chinoise ou Thian-Chan-nan-lou à l'ouest, indépendante pendant quelques années, a été récemment reconquise par les Chinois ; capitale *Kaschgar ;* ville principale, *Iarkand*, près de l'Inde.

L'EMPIRE DU JAPON est tout formé d'îles : NIPHON au

centre, la principale; Iezo et toutes les Kouriles au nord; *Sikok* et *Kiou-Siou* au sud. La capitale est TÔKIO, nom qu'a pris la ville de *Iédo*, sur la côte orientale, depuis que le souverain ou micado a repris l'exercice du pouvoir aupa-

Fig. 10. — Feuilles de thé

ravant exercé par le taïcoun.

Cette ville est la principale pour les relations avec les étrangers auxquels le Japon a ouvert plusieurs de ses ports. Le plus important est *Iokohama* près de Yedo;

dans l'île de Kiou-Siou, Nagasaki ouvert depuis deux cents ans aux seuls Hollandais, mais avec beaucoup de restrictions gênantes qui maintenant ont disparu.

44. Asie méridionale : Inde et Indo-Chine. — Si les Russes dominent le nord-ouest de l'Asie, *c'est aux* ANGLAIS *qu'appartient l'influence dans le sud-est, à cause de leurs vastes possessions dans l'Inde et l'Indo-Chine.*

L'INDE ou INDOUSTAN leur appartient presque tout entier. Ils y règnent d'abord sur 193 millions de sujets directs et sur plus de 2,418,000 kilomètres carrés divisés en trois *présidences :* CALCUTTA la capitale, sur l'Hougli, bras occidental du Gange ; BOMBAI, le plus grand marché de l'Inde, situé dans une petite île voisine de la côte ; *Madras* sur le golfe du Bengale. Cette possession est complétée par celle de CEILAN, capitale Colombo. Tout ce qui n'est pas soumis directement à l'Angleterre forme des principautés qui sont ses vassales (48 millions d'habitants) ; deux États seulement sont en dehors de sa puissance : le *Népaul* et le *Boutan* dans les hautes vallées de l'Himalaïa.

Le Portugal, qui avait devancé l'Angleterre dans la domination de l'Inde, ne possède plus aujourd'hui que GOA au sud de Bombay. La France n'a conservé aussi que cinq comptoirs, débris des vastes provinces que Dupleix lui avait conquises dans le siècle dernier : PONDI-CHÉRI la capitale, au sud de Madras ; Karikal et Ianaon sur la même côte ; Mahé sur celle de l'ouest, et *Chandernagor* sur l'Hougli, au nord de Calcutta.

L'INDO-CHINE comprend trois États indépendants : à l'Ouest l'EMPIRE DES BIRMANS, capitale actuelle *Mandalé* à quelque distance au nord d'Ava, l'ancienne capitale ; au centre le ROYAUME DE SIAM, capitale BANGKOK ; à l'est l'EMPIRE D'ANNAM, capitale *Hué.*

Ces États sont comme enfermés entre deux possessions européennes d'une grande importance, surtout celle
de l'ouest, la BIRMANIE BRITANNIQUE, longue côte enlevée
aux Birmans par l'Angleterre et renfermant en abondance
les métaux et les bois de construction ; ville principale
Rangoun, dans le delta de l'Iraouaddi. Le *détroit de Malacca étant une position de première importance* entre deux
parties du monde et deux océans, les Anglais s'en sont
assuré la possession dans l'intérêt de leur commerce et
de leur politique. Par leurs établissements aux îles An-
daman ils relient la Birmanie au détroit lui-même, dont
l'entrée leur est assurée par l'île de *Poulo-Pinang* ou du
Prince de Galles, le milieu par la ville de *Malacca*, la
sortie par l'île de SINGAPOUR devenue par sa position
même le principal entrepôt du commerce de l'extrême
orient entre l'Inde, l'Océanie et la Chine.

De son côté la FRANCE a conquis sur l'empire d'Annam la COCHINCHINE FRANÇAISE, comprise dans le delta
du Cambodge et dans le bassin d'un petit fleuve voisin,
le Donnaï ; capitale *Saïgon* sur ce dernier cours d'eau.
Ce pays est très-fertile en riz qui est dans le sud-est
de l'Asie la nourriture de plusieurs centaines de millions d'hommes. La France exerce son *protectorat* sur un
État voisin, le ROYAUME DE CAMBODGE, capitale *Oudong*,
dont elle défend l'indépendance contre Siam et l'Annam.

49. Résumé de l'Asie; géographie politique. —
L'Asie occidentale renferme 7 États ou régions : La
Russie du Caucase, ch.-l. *Tiflis ;* la TURQUIE D'ASIE, v.pr.
Smyrne, Bagdad, *Damas*, Beyrouth, *Jérusalem* ; l'ARABIE,
v. pr. *la Mecque*, Djedda, *Aden* aux Anglais près de l'en-

trée de la mer Rouge, et *Mascate;* la PERSE, cap. *Téhé-ran;* les États peu importants d'Afghanistan et Bélout-chistan.

L'Asie septentrionale appartient tout entière aux Russes, et forme la *Sibérie* divisée en Sibérie occiden-tale, v. pr. *Tobolsk*, et en Sibérie orientale, v. pr. *Irkoutsk*, et Nicolaïevsk sur l'océan Pacifique. Ils possèdent aussi vers l'Asie centrale la plus grande partie de la dépression de l'Aral et de la Caspienne, composant le TURKESTAN RUSSE. v. pr. Samarcande; le reste forme les khanats ou principautés de Khiva et de *Boukhara.*

L'Asie orientale renferme deux empires importants : l'EMPIRE CHINOIS, le plus vaste et le plus peuplé du globe, bien que ses provinces occidentales et septentrionales ne soient que tributaires, cap. PÉKING ; beaucoup de ses ports sont ouverts au commerce étranger, entre autres *Tien-Tsin* près de Péking, SHANG-HAÏ le plus considérable de tous pour le commerce du thé et de la soie; *Han-Keou* dans l'intérieur, et *Canton* au sud. Les Anglais possèdent près de l'embouchure du fleuve qui passe par cette dernière ville l'île de HONG-KONG.

L'EMPIRE DU JAPON est tout entier formé d'îles dont la principale est Niphon; elle renferme la capitale *Tokio* (anc. Iédo) avec le port principal de *Iokohama* ouvert au commerce étranger; le Japon est entré depuis quel-ques années en relations très suivies avec l'Europe dont il cherche à imiter les institutions et les découvertes scientifiques.

L'Asie méridionale comprend l'INDE qui appartient

5

presque tout entière aux Anglais, cap. *Calcutta*, v. pr.
BOMBAI et Madras. La France n'y possède que cinq comptoirs, entre autres Pondichéry et Chandernagor.

L'INDO-CHINE est divisée entre trois États indépendants :
l'*empire Birman*, cap. Mandalé; le *royaume de Siam*,
cap. Bangkok; l'*empire d'Annam*, cap. Hué. La France y
possède la *colonie de Cochinchine*, cap. *Saigon;* mais
l'Angleterre y exerce une influence bien plus considérable par ses villes de *Rangoun*, *Malacca* et SINGAPOUR.

QUESTIONNAIRE.

Quels sont les États de l'Asie occidentale? Les principales villes de la Turquie
d'Asie? — Comment se divisent la Sibérie et le Turkestan? Quels sont les
principaux ports de la Chine et du Japon ouverts au commerce étranger? —
Citez les grandes villes de l'Inde et les comptoirs français. — Quels sont les
États de l'Indo-Chine et leurs capitales? — les colonies anglaises et françaises
dans cette péninsule?

CHAPITRE VI

OCÉANIE. — GÉOGRAPHIE PHYSIQUE [1]

DIX-NEUVIÈME LEÇON

46. La situation, les grandes divisions. — L'o-
CÉANIE est située tout entière dans le grand Océan Pacifique, depuis le 30° de latitude nord jusqu'au 55° de latitude sud entre lesquels *elle mesure de* 12 *à* 13,000 *kilomètres,* et depuis le 93° de longitude orientale jusqu'au
108° de longitude occidentale entre lesquels *elle a une
étendue encore bien plus considérable,* 17,000 *kilomètres.*
Mais sa superficie n'est pas en rapport avec ces dimensions ; car *composée d'îles répandues dans le Pacifique,* dont
les unes peuvent compter parmi les plus vastes du globe,
mais dont le plus grand nombre ne sont que des récifs
de quelques kilomètres de surface, elle est évaluée à
environ 11 *millions de kilomètres carrés,* c'est-à-dire à peu
près égale à l'Europe.

Cette prodigieuse inégalité dans l'étendue, ainsi que
la diversité non moins remarquable qu'offre l'Océanie
dans la nature du sol et dans les populations qui l'habitent, l'a fait diviser en trois grandes parties : la MALAISIE
au nord-ouest ; la POLYNÉSIE à l'est et au centre ; la MÉ-
LANÉSIE ou AUSTRALASIE, au sud-ouest.

47. Malaisie ; mers, détroits, archipels. — La MA-
LAISIE a reçu ce nom de la race principale qui l'habite,
les *Malais* venus de la presqu'île de Malacca, séparée

[1] Voir la carte sixième : OCÉANIE, *Carte physique et politique.*

seulement de l'Océanie par le détroit du même nom. Elle
est située entre ce détroit et la mer de la Chine à l'ouest,
le canal qui sépare Formose des Philippines au nord, le
Pacifique proprement dit avec la Papouasie et l'Australie à l'est, l'Océan indien au sud. Si l'*Océanie est tout
entière entourée d'un cercle de feu* (§ 16), la *Malaisie* est
par excellence la terre volcanique de l'Océanie et celle
du globe entier *sur laquelle on compte le plus de volcans en
activité*. Elle est divisée en deux parties à peu près égales
par l'Equateur et située par conséquent dans la plus
chaude région du globe.

Elle comprend trois archipels et deux grandes îles
distinctes.

Le premier archipel est celui des ILES DE LA SONDE,
arrondies en arc de cercle depuis le détroit de Malacca
jusqu'au nord de l'Australie, très-voisines les unes des
autres et semblant être les fragments d'un continent que
les commotions souterraines ont brisé en morceaux; la
seule île de Java renferme à elle seule quarante-cinq
volcans qui vomissent des laves, de la boue et des tor-
rents d'eau bouillante. D'abord deux grandes terres :
SUMATRA, entourée d'une ceinture de petites îles ; JAVA,
la plus peuplée et la plus florissante de tout l'archipel.
Elle est située entre deux détroits très-fréquentés : le
détroit de la Sonde à l'ouest, où l'on passe d'avril en octobre pour aller du Cap en Chine ; le *détroit de Bali* à
l'est, que l'on traverse d'octobre en avril pour revenir
en obéissant au souffle des moussons (§ 17). Les autres
îles, Bali, Lombok, Sumbava, Florès et Timor sont
beaucoup moins considérables. Elles renferment des
métaux en abondance, or, argent, cuivre, étain, et
sont admirablement fertiles en végétaux de toute nature,
riz, café, sucre, coton.

Le second archipel est celui des MOLUQUES, situé au nord-est du précédent et séparé de lui par la MER DES MOLUQUES. Il comprend deux iles assez grandes : *Ceram*, allongée de l'ouest à l'est; *Gilolo*, dirigée au contraire du sud au nord et bizarrement découpée en étroites presqu'iles; puis un grand nombre de petites iles, *Amboine*, *Ternate*, *Tidor*, importantes par la culture des

Fig. 11. — Le Poivrier

épices, la muscade, le girofle, la cannelle et surtout le poivrier (fig. 11).

Au nord des Moluques s'étend le troisième archipel presque aussi considérable que celui de la Sonde, mais allongé dans un sens tout différent, du sud au nord; c'est l'ARCHIPEL DES PHILIPPINES, composé de deux grandes terres volcaniques, Luçon et *Mindanao*, enfermant entre elles de nombreuses îles.

Les deux grandes îles distinctes sont : *Célèbes*, découpée en quatre longues presqu'îles tournées vers l'est ; elle est séparée des Philippines par la MER DE CÉLÈBES, et par le *détroit de Mangkassar* de l'île de BORNÉO. Celle-ci, *plus considérable que la France, serait la plus grande île du globe*, si l'Australie n'existait pas ; elle est élargie au sud et amincie vers le Nord où elle renferme la *plus haute montagne jusqu'aujourd'hui connue en Océanie*, le KINI-BALLOU (plus de 4,000 mètres).

48. La Polynésie. — La deuxième partie de l'Océanie, la POLYNÉSIE, a reçu ce nom qui signifie « *îles nombreuses* » de l'innombrable quantité d'îlots qu'elle renferme au centre du Pacifique. La plupart reposent sur des cratères sous-marins où des millions de polypes déposent lentement une substance calcaire qui s'élève enfin au-dessus des eaux ; les vents et les oiseaux y apportent des graines et des engrais ; peu à peu le pourtour se couronne de cocotiers et forme une île basse, renfermant à l'intérieur une lagune circulaire. C'est l'aspect que présentent les *îles Carolines* au nombre de plus de 500, l'archipel Anson et les îles Marshall, les îles Gilbert sous l'Equateur, et au sud de cette ligne les îles Wallis, surtout les *Tuamotou* ou *îles Basses*, les plus dangereuses de toutes pour les navigateurs.

D'autres sont montueuses et volcaniques. Telles sont les îles *Marquises* ou Nouka-Hiva, avec des plateaux qui dépassent 4,000 mètres ; les *îles de la Société* dont la principale, TAÏTI, est formée de deux parties presque circulaires réunies par un isthme fort étroit ; plusieurs sommets atteignent près de 2,500 mètres. Mais les terres les plus remarquables sous ce rapport sont les îles Hawaï ou Sandwich sous le Tropique du Cancer, renfermant deux volcans de plus de 4,200 mètres, le *Mauna-Kéa* et le *Mauna-Loa* dont les éruptions sont terribles.

D'après Dumont-Durville, navigateur français, on a fait des petits archipels polynésiens situés au nord de l'Équateur une région distincte appelée Micronésie ou ensemble de petites îles ; mais cette subdivision n'est pas nécessaire. La Polynésie est habitée par une race particulière, plus belle que les noirs de la Mélanésie et plus douce que les Malais. Cette partie de l'Océanie a été surtout explorée dans le siècle dernier par Bougainville, et par Cook tué aux îles Sandwich en 1779.

VINGTIÈME LEÇON

49. La Mélanésie ou Australasie. — La Mélanésie a été ainsi appelée des *populations noires qui habitent ses plus grandes terres ;* on la nomme aussi Australasie, c'est-à-dire Asie du Sud. Elle comprend l'immense Australie avec les deux îles voisines, *Tasmanie* au sud, *Papouasie* au nord et un certain nombre d'archipels situés plus à l'est : Nouvelle-Bretagne, Nouvelles-Hébrides, Nouvelle-Calédonie, îles Viti, Nouvelle-Zélande.

L'Australie est quelquefois appelée le continent austral, bien qu'elle ne soit pas formée de plusieurs grandes terres qui se tiennent, mais d'une seule île à peu près circulaire, aux côtes presque droites à l'est et à l'ouest,

plus découpées au nord et au sud. C'est proprement la
PLUS GRANDE ILE DU GLOBE, plus de 7 MILLIONS ET DEMI DE
KILOMÈTRES CARRÉS. Découverte au XVIIᵉ siècle par les
Hollandais, entre autres par *Tasman* qui l'appela Nou-
velle-Hollande, elle a été explorée au siècle dernier par
Cook et La Pérouse, et ensuite par les marins envoyés à
la recherche de celui-ci, D'Entrecasteaux, Baudin, Dumont-Durville. Elle est baignée à l'est par l'OCÉAN PACI-
FIQUE, du cap Wilson au cap York et sa côte présente de
beaux ports vers le sud, surtout le *Port-Jakson;* mais le
nord-est, où le Pacifique forme la MER DE CORAIL, est
rempli d'écueils presque à fleur d'eau nommés *la barrière de Récifs* et qui, se prolongeant en avant du rivage
sur plus de 1,000 kilomètres, en rendent les approches
extrêmement dangereuses. Il en est de même du *Détroit
de Torrès* qui sépare au nord l'Australie de la Papouasie;
des archipels madréporiques s'y élèvent lentement mais
d'une façon continue et menacent de fermer un jour
cette communication; des passages où l'on s'avançait en
sûreté au commencement de ce siècle sont aujourd'hui
absolument impraticables. C'est de ce côté que se trouve
le *golfe de Carpentarie*, le plus profond que l'on rencontre sur cette terre.

A l'ouest l'Australie est baignée par l'OCÉAN INDIEN où
elle projette les caps *Nord-Ouest* et *Leeuwin;* au sud
l'Océan Indien la limite encore entre le cap Leeuwin et
le cap Wilson. La côte y est d'abord basse et presque
droite sur une très-longue étendue; elle s'ouvre ensuite
pour recevoir deux golfes étroits, le *golfe Spencer* et le
golfe Saint-Vincent; au delà le DÉTROIT DE BASS la sépare
de la Tasmanie et forme la *belle baie circulaire de Port-
Phillip.* L'Australie est comprise entre 110° environ et
150° de longitude orientale, et entre 10° et 40° de lati-

tude méridionale, c'est-à-dire qu'elle est tout entière au
sud de l'Équateur. L'ordre des saisons y est donc inverse de celui auquel nous sommes accoutumés dans
notre hémisphère, et les parties situées le plus au nord
sont les plus chaudes, étant les plus voisines de l'équateur.

50. Pendant longtemps on n'a connu que les côtes
orientales où les Anglais avaient fondé leurs premiers établissements entre le Pacifique et les *montagnes Bleues*,
chaîne de plus de 3,000 kilomètres de longueur ; mais peu
de sommets dépassent 1,000 mètres, si ce n'est vers le sud
où on l'appelle les *Alpes australiennes*. Les monts Kos-
ciusko et Hotham atteignent 2,200 et 2,500 mètres. On
supposait que l'intérieur était occupé par un vaste Sahara ou une immense Caspienne. A partir de 1846 les
frères *Grégory* visitèrent le nord-ouest jusqu'à une assez grande distance du rivage. Mais c'est surtout à l'est
et au centre que les explorations ont été mémorables
et nous ont acquis des notions précises. Les hardis
voyageurs les ont payées par de cruelles souffrances,
quelques-uns même y ont trouvé la mort. Presque en
même temps, *Landsboroug* (1862) suivant une route parallèle aux montagnes Bleues, *Burke* et *Wills* s'enfonçant plus à l'intérieur (1861), traversèrent presque toute
l'île depuis les fleuves du sud-est jusqu'au golfe de Carpentarie. Plus hardi encore et plus heureux, *Mac-Douall
Stuart* (1860-61) explora le centre dans sa plus grande
étendue depuis les environs du golfe Spencer jusqu'à
l'île Melville en face des archipels de la Sonde.

De leurs reconnaissances, il résulte que l'Australie est
constituée au nord et à l'ouest par un vaste plateau médiocrement haut, quelques points seulement y atteignant
1,000 mètres. Le centre présente une plaine de moins de

300 mètres d'élévation, s'enfonçant même vers le sud dans une dépression profonde. Ces plaines, assez fertiles à l'est où s'étendent d'excellents pâturages, offrent ailleurs des steppes interrompues par des rivières peu profondes que les Anglais appellent *creeks*, par des rangées de collines d'altitude médiocre, enfin par quelques petits déserts pierreux ou sablonneux.

Deux parties méritent une attention particulière pour la distribution des eaux. L'Océan Indien ne reçoit des plateaux de l'ouest et du nord que des rivières sans importance ; de même à l'est le Pacifique, trop voisin des montagnes Bleues. Mais de leurs terrasses coule au sud-ouest une multitude de cours d'eau réunis en un fleuve étendu, malheureusement sans profondeur ni largeur, le Murrai, qui tombe dans l'Océan Indien près du golfe Saint-Vincent. Une chaîne où plusieurs pics atteignent 1,000 mètres sépare son bassin inférieur d'une dépression profonde remplie de lacs salés dont la dimension est très-variable suivant qu'on les observe à la saison des pluies ou lors de la sécheresse. Le principal est le *lac Torrens*, dirigé du sud au nord en arc de cercle et séparé du fond du golfe Spencer par un isthme large à peine de quelques kilomètres.

50. — Les autres terres de l'Australasie sont moins importantes. La Tasmanie au sud (appelée anciennement Terre de Van-Diemen), est un appendice de l'Australie orientale à laquelle elle ressemble. La Papouasie, au nord, nommée aussi Nouvelle-Guinée parce que les habitants y ont la couleur et la conformation des nègres de la côte de Guinée en Afrique, est une terre presque inconnue à l'intérieur, mais bordée de hautes montagnes. Dans les Nouvelles-Hébrides, l'*île de Vanikoro* est célèbre par le naufrage de La Pérouse (1788) dont

les restes furent retrouvés en 1828 par Dumont-Durville. La Nouvelle-Calédonie est une île longue et
étroite renfermant des mines de houille.

Les Anglais, qui possèdent presque toutes ces régions,
comprennent aussi dans l'Australasie une grande terre
située au sud de la Polynésie, la Nouvelle-Zélande,
découverte par Tasman en 1642, *et formée de deux grandes*
îles séparées par le détroit de Cook. Elles sont aussi étendues
que la Grande-Bretagne en Europe, et parcourues par de
hautes montagnes volcaniques dont un pic dépasse
4,000 mètres dans l'île du sud.

CHAPITRE VII

OCÉANIE. — GÉOGRAPHIE POLITIQUE

VINGT ET UNIÈME LEÇON

L'Océanie est occupée presque tout entière par des
colonies européennes.

52. Les colonies hollandaises et espagnoles. —
La Malaisie est au pouvoir des Hollandais et des Espagnols. Les *premiers y possèdent les plus belles colonies :* les
Îles de la Sonde, y compris auj. tout Sumatra ; *toutes les*
Moluques, Célèbes et la plus grande partie de *Bornéo.* La
superficie n'en est pas moindre de 1,600,000 *kilomètres*
carrés et la *population de* 22 *millions d'habitants,* tandis que
la Hollande en Europe ne compte qu'un peu moins de
4 millions d'habitants sur moins de 33,000 kilomètres carrés. La capitale est Batavia, l'une des plus

grandes places de commerce de l'Orient, au nord-ouest de l'île de Java.

Les Espagnols possèdent les PHILIPPINES, beaucoup moins peuplées ; la capitale est MANILLE dans l'île de Luçon.

53. Colonies anglaises et françaises. — Les Anglais et les Français se partagent très-inégalement les deux autres parties de l'Océanie. Les ANGLAIS SONT MAÎTRES DE TOUTE L'AUSTRALIE ; mais ils n'en ont encore colonisé que les rivages, sauf le sud-est où ils se sont avancés dans l'intérieur des terres et ont fondé leurs plus beaux établissements, les provinces de NOUVELLE-GALLES DU SUD et de VICTORIA. Elles renferment dans le bassin du Murrai d'excellents pâturages où paissent aujourd'hui *près de 40 millions de moutons* venus d'un troupeau de mérinos (fig. 12), 3 béliers et 8 brebis importés du cap de Bonne-Espérance en 1797. Aussi le *commerce de la laine y est-il d'une extrême importance* dans les deux villes principales de ce pays : *Sidnei* dans la baie de Port-Jackson, capitale de la Nouvelle-Galles ; MELBOURNE, ville de plus de 193,000 habitants et capitale de Victoria, dans la baie de Port-Phillip. Melbourne, quoique beaucoup plus récente que Sidnei, a promptement éclipsé sa rivale à la suite de la DÉCOUVERTE DE L'OR qu'on a faite dans cette province en 1830. Des deux autres colonies anglaises, la TASMANIE d'où la race indigène a complètement disparu renferme comme l'Australie de beaux pâturages ; la NOUVELLE-ZÉLANDE, capitale *Auckland* dans l'île septentrionale, est également riche en mines d'or.

Ces colonies anglaises ont une superficie bien plus considérable que celles de la Hollande (environ 8 millions de kilomètres carrés) ; mais la nature du sol les empêche d'être aussi peuplées. Elles comptent un peu moins de

Fig. 12. — Bélier-mérinos.

3 millions d'habitants, presque tous de race européenne.

Les établissements français sont presque imperceptibles en comparaison de ces immenses colonies. La France a occupé quelques points de l'Océanie pour y déporter ses condamnés ou pour servir de relâche à ses vaisseaux dans l'immensité du Pacifique : la NOUVELLE-CALÉDONIE (capitale *Nouméa*) est surtout consacrée au premier de ces usages ; au second, les *îles Marquises* ou Nouka-Hiva, et deux archipels, les îles TAÏTI, les Tuamotou et les Gambier ou Mangareva, au sud de ce dernier archipel.

54. Royaume d'Hawaï. — On compte en Océanie quelques états indépendants gouvernés par des princes malais dans les parties centre et nord de Bornéo non soumises à la Hollande. Mais l'état de beaucoup le plus important par sa situation géographique et sa civilisation est le ROYAUME D'HAWAÏ, situé dans le nord du Pacifique *presque à égale distance des côtes d'Amérique et de celles du Japon ;* les missionnaires y ont introduit la religion chrétienne. Les Anglais et les Américains des États-Unis y exercent la principale influence, surtout les derniers qui viennent pêcher la baleine dans les mers voisines et relâchent à *Honolulu*, le principal port de l'archipel.

54 *bis*. Résumé de l'Océanie ; géographie physique et géographie politique. — L'OCÉANIE, située dans le Grand Océan entre l'Amérique et l'Asie, est divisée en MALAISIE, POLYNÉSIE et MÉLANÉSIE ; elle est toute entière formée d'îles, les unes très-grandes, les autres très-petites, les unes très-élevées comme étant d'origine volcanique, les autres très-basses comme étant composées de récifs de coraux.

La Malaisie est la terre la plus volcanique du globe. Elle renferme les trois grands archipels des ÎLES DE LA SONDE (*Sumatra*, JAVA, Bali, Florès, etc.), des MOLUQUES (Céram, *Gilolo*, Amboine, Tidor) et des PHILIPPINES (*Luçon* et Mindanao), toutes riches en épices et en métaux, ainsi que deux grandes îles particulières, BORNÉO et *Célèbes*.

La Polynésie renferme une quantité d'îles basses, entre autres les *Carolines*, et aussi plusieurs groupes volcaniques, entre autres les *îles de la Société*, dont la principale est *Taïti* et au nord les HAWAÏ ou Sandwich.

La Mélanésie, appelée aussi Australasie par les Anglais, renferme la plus grande île du globe, l'AUSTRALIE, découpée au nord par le *golfe de Carpentarie*, au sud par ceux de Spencer et de Saint-Vincent, parcourue à l'est par les montagnes Bleues et les Alpes australiennes riches en pâturages et en mines d'or; elle est arrosée au sud-est par le *Murrai* et renferme au sud un grand nombre de lacs. L'intérieur, encore imparfaitement connu, est un plateau peu élevé et médiocrement fertile.

Elle est séparée par le *détroit de Bass* de la TASMANIE au sud, et par le *détroit de Torrès*, très-dangereux par ses récifs, de la *Papouasie*, terre encore presque inconnue au nord. Plus à l'est, on trouve la *Nouvelle-Calédonie*, île étroite et allongée, la NOUVELLE-ZÉLANDE, formée de deux grandes îles volcaniques séparées par le *détroit de Cook*.

L'Océanie est presque tout entière partagée entre les puissances européennes. Les HOLLANDAIS possèdent les *îles de la Sonde,* les *Moluques,* Célèbes et une partie de Bornéo; cap. *Batavia* dans Java. Les ANGLAIS ont colonisé l'AUSTRALIE, v. pr. *Melbourne* et *Sidnei* d'où ils tirent l'or et la laine, la TASMANIE et la NOUVELLE-ZÉLANDE. Les ESPAGNOLS ont depuis longtemps les *Philippines,* cap. Manille. Les FRANÇAIS ont plus récemment acquis les Marquises ou *Nouka-Hiva,* la NOUVELLE-CALÉDONIE, v. pr. *Nouméa,* lieu de déportation; ils exercent aussi un droit de protectorat sur *Taïti* et les îles Gambier et Mangareva.

L'archipel indépendant des HAWAÏ a une grande importance comme position intermédiaire entre l'Amérique et l'Asie; v. pr. *Honolulu.*

QUESTIONNAIRE.

Quelles sont les bornes, les divisions et la nature des îles de l'Océanie? — De quels archipels se compose la Malaisie? — et la Polynésie? — et la Mélanésie? — Quelles sont les productions de ces îles? — Que possèdent les Hollandais, les Anglais, les Espagnols et les Français?

CHAPITRE VIII

VINGT-DEUXIÈME LEÇON

CONTINENT AMÉRICAIN

55. L'Amérique avant Colomb. — Les deux AMÉRIQUES sont appelées le NOUVEAU CONTINENT, parce qu'elles ne furent révélées à l'ancien qu'en 1492 par CHRISTOPHE COLOMB.

Cependant plusieurs siècles avant lui on avait exploré des terres à l'ouest de l'Europe. Quand on considère une mappemonde, l'Europe et l'Amérique semblent reliées vers le nord-ouest par une suite de terres peu distantes l'une de l'autre : les îles Féröé, l'Islande, le Gröenland, le Labrador. C'est la route que suivirent au moyen âge les Danois et les Norvégiens qui découvrirent les îles Féröé en 861, l'Islande en 872, le *Gröenland* en 982, tous pays qui ont gardé les noms reçus à l'origine. En 1002 ils arrivèrent sur le continent à une côte qu'ils appelèrent *Vinland*, ou le pays du vin, aujourd'hui le nord-est des États-Unis vers Boston.

Ces colonies devinrent assez florissantes et reçurent le christianisme. Mais à partir du xive siècle, la peste noire, qui sévit dans ce pays comme en Europe, et le refroidissement du climat firent abandonner le Vinland et le Gröenland. L'Islande seule fut conservée ; seulement le commerce entre cette île et la Norvége devint un monopole et même un secret d'État ; tous les ans un seul vaisseau partait de Bergen en Norvége pour l'Islande, et il était défendu de révéler aux étrangers l'existence des terres situées plus à l'ouest. Aussi Colomb qui visita l'Islande en 1484 n'y reçut-il aucune notion sur ces terres.

56. Christophe Colomb. — Ce furent des idées toutes différentes, et développées dans son esprit par l'étude des auteurs de l'antiquité, qui guidèrent Colomb dans ses découvertes. Bien que les anciens n'aient jamais connu qu'une faible portion du globe, les philosophes et les savants de la Grèce et de Rome pensaient qu'il pouvait être plus étendu. Ainsi le précepteur d'Alexandre, Aristote, enseigna que la terre était sphérique et qu'il pouvait exister un ou plusieurs mondes en dehors de celui que l'on connaissait. Au premier siècle de l'ère chrétienne, le philosophe Sénèque écrivait que l'ouest de l'Espagne est peu éloigné des premiers rivages de l'Inde et qu'il suffisait, pour arriver à ce dernier pays, d'une navigation de quelques jours favorisée par un bon vent; au second siècle, le géographe Ptolémée confirmait cette opinion en étendant démesurément l'Asie vers l'est à près de 5,000 kilomètres plus loin qu'elle n'est placée réellement.

C'est sur la foi de ces autorités que Colomb partit pour accomplir la plus mémorable des découvertes et commettre en même temps la plus grande des erreurs géographiques. En effet il ne cherchait pas, comme on l'a dit, un nouveau monde; son désir était d'arriver aux Indes par une autre voie que les Portugais alors parvenus (1486) au cap de Bonne-Espérance; *il voulait*, selon ses propres expressions, *aller au Levant par l'Occident*.

Aussi, après même qu'il eût visité l'Islande, il ne songea pas à naviguer au nord-ouest; mais la vue des bois étrangers que le Gulf-Stream (§ 15) apporte jusque dans cette île le confirma dans l'existence de terres situées au sud-ouest, terres qui pour lui ne pouvaient être que l'Inde. Lorsque parti de Palos près Cadix le 3 août 1492 sur trois petits vaisseaux que lui donnèrent les souverains d'Espagne, Ferdinand et Isabelle, il aborda le 12 octobre à Guanahani ou San-Salvador dans les Antilles, il prit ce vaste archipel pour celui du Japon que le grand voyageur vénitien du moyen-âge, Marco Polo, avait justement désigné comme composé des îles les plus éloignées de l'Asie orientale. Enfin parvenu en 1498 aux bouches de l'Orénoque et justement frappé du volume de ses eaux, il pensa bien être arrivé à un continent et il appela cette côte « la terre ferme »; mais pour lui ce fleuve était le Gange, ce continent celui de l'Asie, cette côte celle de l'Inde. Ce qui le prouve, c'est que la carte dressée par son pilote, Juan de la Cosa, en 1500 représente les terres nouvelles comme très-rapprochées de l'Asie, et que jusqu'à sa mort en 1506 Colomb a toujours appelé les naturels *Indiens ;* ce nom leur a été conservé dans l'usage, ainsi que celui d'*Indes occidentales pour désigner les* Antilles et les côtes de l'Amérique centrale explorées par Colomb.

Colomb a donc trouvé l'Amérique qu'il ne cherchait pas, et dans son appréciation de l'étendue de la terre il s'est trompé d'un monde tont entier et du plus grand des océans, l'océan Pacifique ; il supposait le globe moins grand d'un tiers qu'il n'est réellement. Mais cette erreur n'enlève rien à sa gloire. *On dit souvent aussi qu'Améric Vespuce avait dérobé à Colomb l'honneur de donner son nom au Nouveau-Monde.* Ce n'est pas lui qui a donné à ces terres nouvelles le nom d'Amérique. Amérigo Vespuci, marchand florentin et ami de Colomb, entreprit pour son compte en 1499 une expédition dans laquelle il longea les côtes situées entre l'Orénoque et le cap Saint-Roch au Brésil. A son retour il publia le récit de sa navigation, tandis que les relations du voyage de Colomb étaient tenues secrètes par la cour d'Espagne. Ce fut un géographe de la petite ville de Saint-Dié dans les Vosges qui, publiant en 1507 une Introduction à la Cosmographie (1), y joignit la relation des voyages de Vespuce et appela ces nouvelles contrées Terre d'Amérigo ou Amérique ; mais Vespuce qui mourut en 1512 ne connut sans doute pas l'honneur dangereux qui lui avait été rendu.

57. Les découvertes postérieures à Colomb. —

_____

(1) Ce livre très-mince, mais extrêmement rare, s'est vendu 2,000 francs à Paris en 1867.

6.

L'erreur de Colomb ne fut reconnue qu'après sa mort, quand *Balboa franchit en* 1513 *l'isthme de Panama et découvrit une mer nouvelle;* surtout lorsque MAGELLAN parti de Cadix en 1519 *eût trouvé* (1520) *au sud de l'Amérique le détroit qui porte son nom*, traversé tout l'Océan Pacifique et fût arrivé aux Philippines où il rencontra les Portugais parvenus au même point par l'est en doublant le cap de Bonne-Espérance. Magellan fut tué par les naturels de ces îles ; *Cano*, son lieutenant, revint à Cadix (1522) en doublant ce même cap, *ayant accompli en trois ans le premier voyage autour du monde* et démontré par l'expérience la forme sphérique de la terre.

D'autres nations suivirent les Espagnols. Un négociant anglais de Bristol, *Jean Cabot*, découvrit Terre-Neuve en 1497. François Ier envoya *Jacques Cartier*, qui explora le golfe et le fleuve Saint-Laurent et imposa à ces pays les noms qu'ils ont longtemps conservés de *Terre-Françoise* et de *Nouvelle-France*. Le siècle suivant vit les Anglais *Hudson* et *Baffin* reconnaître en 1610 et 1616 les mers qui portent leurs noms. Au XVIIIᵉ siècle, le Danois *Behring* donna le sien au détroit et à la mer interposés entre l'Asie et l'Amérique ; mais ces côtes ne furent complétement explorées que par *Cook* en 1778 et en 1786 par notre *La Pérouse*. Enfin depuis le commencement de ce siècle de hardis marins anglais, américains et français ont cherché à s'avancer encore plus loin vers le nord et le sud de l'Amérique, à la découverte de l'un et de l'autre pôle.

CHAPITRE IX

AMÉRIQUE DU SUD. — GÉOGRAPHIE PHYSIQUE[1]

VINGT-TROISIÈME LEÇON

58. Les limites, la configuration, les dimensions.
— L'Amérique du Sud est bornée au nord par l'ISTHME
DE PANAMA et la *mer des Antilles*; à l'est par l'OCÉAN
ATLANTIQUE; à l'ouest par le GRAND OCÉAN. Au sud *elle
se termine en pointe comme l'Afrique* et les eaux des deux
Océans y viennent se confondre autour d'un cap presque
aussi célèbre que le cap de Bonne-Espérance, le CAP
HORN. Elle est comprise entre 37° et 84° de longitude
occidentale et entre 12° de latitude nord et 56° de latitude
sud, c'est-à-dire qu'*elle est située presque tout entière au sud
de l'Équateur*, donc dans l'hémisphère méridional.

Elle a la *forme d'un vaste triangle* dont le grand côté serait tourné à l'ouest sur la côte du Pacifique depuis
l'isthme de Panama jusqu'au cap Horn, et les deux autres
côtés au sud-est depuis le cap Horn jusqu'au cap Saint-
Roch, et au nord-est depuis le cap Saint-Roch jusqu'à
l'isthme de Panama. La plus grande longueur du sud au
nord entre le golfe de Venezuela et le cap Horn est
d'environ 7,500 kilomètres; la plus grande largeur de
l'est à l'ouest entre le cap Saint-Roch et le golfe de
Guayaquil, de 6,800; sa superficie peut être évaluée à
18 millions de kilomètres carrés.

59. Les mers, détroits, îles, etc. — La mer des An-

(1) Voir la carte septième : AMÉRIQUE DU SUD; *Carte physique.*

tilles, portion de l'Atlantique, a un caractère particulier.
Elle rappelle les mers creusées par le Pacifique sur les
côtes orientales de l'Asie (§ 33) ; c'est-à-dire qu'elle est
à demi fermée par des presqu'îles et des îles volcaniques.
L'archipel des Antilles l'enveloppe, pour ainsi dire, d'une
ceinture aussi régulière que l'archipel Japonais avec
ses grandes et ses petites îles à l'est de la mer du Japon.
Mais la côte de l'Amérique méridionale est beaucoup
moins découpée et rappelle davantage les formes mas-
sives de l'Afrique ; ainsi la mer des Antilles n'y creuse
que deux golfes peu profonds : le *golfe de Darien* voisin
de l'isthme de Panama, et le *golfe de Venezuela* commu-
niquant au sud par une ouverture fort resserrée avec
un second golfe circulaire, appelé golfe ou lac de Mara-
caïbo. Cette côte est bordée de quelques îles rocheuses,
entre autres Curaçao et Margarita, aux environs de laquelle on pêche des perles.

L'Atlantique proprement dit commence à la *bouche du
Dragon*, détroit situé entre le continent et l'île quadran-
gulaire de la Trinité, la plus grande des petites Antilles ;
ce détroit a été ainsi nommé par Colomb à cause du
courant impétueux qui s'en échappe, tant est grande la
masse des eaux versées par l'Orénoque dans le *golfe de
Paria*, resserré entre l'île et la côte. Le rivage s'étend du
nord-ouest au sud-est jusqu'au cap Saint-Roch sur
une ligne presque droite interrompue seulement par
l'estuaire de l'Amazone, sans caps aigus, sans îles, sans
golfes profonds, parce que l'immense quantité de limon
charrié par ce fleuve et traîné pour ainsi dire par le
puissant courant équatorial (§ 15) a presque arrondi ces
côtes basses.

Du cap Saint-Roch au cap Horn, la côte se dirige du
nord-est au sud-ouest où elle présente un plus grand

nombre de découpures : la *baie de Tous les Saints* près de la ville de Bahia ; surtout la BAIE DE RIO-JANEIRO, l'*une des plus sûres et des plus vastes du monde*.

A partir de l'embouchure de la Plata, les puissants courants de l'océan Antarctique, dont aucune île ne brise l'impétuosité, ont découpé cette partie de l'Amérique en golfes plus profonds et en pointes aiguës : les golfes *Saint-Mathias* et *Saint-Georges*, et le *cap des Vierges* à l'entrée du détroit de Magellan.

A quelque distance à l'est se trouve le petit groupe des *îles Falkland*.

50. Le détroit de Magellan a une largeur très-variable, de 8 à 60 kilomètres. Bien que les eaux y soient profondes et les mouillages commodes, la navigation est difficile, parce que les courants y sont rapides et contraires. Il est partagé en deux parties presque égales par le *cap Froward*, le *point extrême du continent Américain*. Ce détroit a été pendant près d'un siècle le seul passage connu pour pénétrer de l'Atlantique dans le Grand Océan. Mais en 1616 les Hollandais *Le Maire* et *Schousen*, longeant les terres situées au sud du cap des Vierges, découvrirent entre la Terre-de-Feu et l'île des États le DÉTROIT DE LE MAIRE ; puis, contournant les îlots au plus méridional desquels ils donnèrent le nom de CAP HORN, ils arrivèrent par cette voie plus courte dans le Pacifique. La *Terre-de-Feu* et toutes les îles voisines, île des États, *terre de la Désolation*, sont des contrées froides et stériles où les volcans sont mêlés aux neiges éternelles ; la fureur des vents et celle des flots y soulèvent de telles tempêtes que souvent la navigation préfère le passage plus long, mais moins dangereux, du détroit de Magellan.

La *côte de l'OCÉAN PACIFIQUE est encore bien moins découpée que celle de l'Atlantique*. Elle rappelle le rivage occi-

dental de l'Inde, c'est-à-dire qu'*à peu de distance de la
côte se dresse en forme de muraille une chaîne de montagnes*
dont le pied semble presque plonger dans les eaux. Ici
c'est la gigantesque et volcanique chaîne des ANDES ou
CORDILLIÈRES, barrière indestructible opposée aux flots
du Grand Océan. La côte se dirige en ligne droite depuis
le détroit de Magellan jusqu'au 20° degré, d'abord toute
parsemée d'îles rocheuses, îles Wellington, île Chilöé
qui semblent des fragments de la chaîne des Andes
écroulés dans le Pacifique; puis sans autre îlot que
celui de Juan Fernandez, situé à une assez grande distance et où fut jeté le matelot anglais Selkirk, dont les
aventures inspirèrent à Daniel de Föé le roman de Ro-
binson. A partir du 20° la côte s'infléchit fortement vers
le nord-ouest, forme au sud de l'Équateur la *baie de
Guayaquil*, et enfin le célèbre golfe de PANAMA avec
quelques îles où l'on pêche les perles, mais où se rencontrent aussi les plus terribles requins. Un groupe
d'îles assez considérables, les *Gallapagos*, est situé à
quelque distance, presque sous l'Équateur : on y trouve
des tortues monstrueuses pesant plus de 200 kilo-
grammes.

61. Isthme et chemin de fer de Panama.—L'ISTHME
DE PANAMA (65 kilomètres de largeur) sépare au grand
désavantage de la navigation l'Océan Atlantique et le Pacifique, comme l'isthme de Suez est interposé entre la
Méditerranée et la mer Rouge. Mais au lieu de présenter
comme celui-ci des lacs déprimés et des plaines sablonneuses dont la hauteur ne dépasse pas 18 mètres, *l'isthme
de Panama n'offre pas d'abaissement inférieur à 30 mètres,*
et il est *formé de roches qui rendent très difficile tout projet de canalisation.* On a dû se contenter d'y établir avec
de grandes difficultés, vu la nature marécageuse d'une

partie des terres, un CHEMIN DE FER achevé en 1855 par une compagnie d'Américains des États-Unis. *On y fait en deux heures la traversée de l'isthme* entre PANAMA sur le Pacifique et COLON, appelé aussi Aspinwall, su. la mer des Antilles. Ce chemin de fer à 79 kilomètres d'étendue et le point culminant où il passe, plus voisin du Pacifique que de l'Atlantique, est à une hauteur de 80 mètres.

VINGT-QUATRIÈME LEÇON

62. Les Montagnes : Les Cordilières. — On a fait remarquer plus haut la ressemblance de l'Amérique du Sud avec l'Inde pour la forme triangulaire et la nature des côtes occidentales. Il n'y a pas moins d'analogie dans le relief du sol, l'un et l'autre pays offrant également les pics les plus hauts et les plateaux les plus élevés de chaque continent, avec des plateaux secondaires séparés des précédents par d'immenses plaines basses.

Ainsi la *chaîne de l'Himalaia trouve presque sa rivale dans les* ANDES OU CORDILIÈRES. Si celles-ci sont inférieures de plus de 1,000 mètres aux montagnes de l'Inde, elles *se développent sur une bien plus grande étendue* qui n'est pas moindre que toute la longueur du continent lui-même, plus *de 7,000 kilomètres du nord au sud.* Leur masse principale est vers le centre dans le PLATEAU DE BOLIVIE, *rival de celui du Tibet par sa hauteur* (4 à 5000 m.), mais beaucoup moins large que lui : il renferme aussi *des lacs sans écoulement* situés à une grande altitude, les *lacs Titicaca* et Pansa réunis par le Desaguadero. La rive orientale du premier de ces lacs est dominée par le NEVADO DE SORATA (6,488 mètres) et l'ILLIMANI (6,489),

les POINTS CULMINANTS DE CE HAUT PLATEAU. La chaîne s'a-
baisse ensuite des deux côtés; mais elle garde encore
au sud une grande élévation dans les ANDES DU CHILI où
les pics volcaniques abondent, entre autres l'*Aconcagua*
(haut de 6,795 mètres); elle se prolonge par les *Andes
de Patagonie* couvertes sur plusieurs points de glaciers
et de neiges éternelles jusqu'aux volcans de la Terre-de-
Feu.

Les Andes ne se dressent pas sur une seule arête,
mais sur deux ou trois chaînes parallèles séparées par
d'immenses crevasses de 2 à 3,000 mètres de profondeur
entre lesquelles coulent les fleuves. Cette disposition
est surtout remarquable au nord du plateau de Bolivie dans les ANDES DU PÉROU, prolongées jusqu'à l'É-
quateur par le *plateau de Quito* d'une altitude de plus
de 3,000 mètres. Il renferme une accumulation de pics
gigantesques, volcans surmontés de neiges éternelles
que les laves ne peuvent parvenir à fondre, entre autres
le *Chimborazo* (6,700 mètres). Au nord de Quito, le plateau se sépare en deux chaînes d'abord parallèles : la
Cordilière orientale qui *disparaît entièrement vers le golfe
du Darien et l'isthme de Panama;* la CORDILIÈRE OCCIDEN-
TALE qui forme un plateau surmonté de pics très-élevés,
comme la *Sierra Nevada* (plus de 4,000 mètres) et se
prolonge tout le long de la mer des Antilles.

Les Andes présentent, comme toutes les hautes montagnes, la succession des divers climats. Jusqu'à 1,000
mètres de hauteur on y trouve les végétaux des contrées
tropicales : palmiers, cactus, bananiers, cacaoyers, sucre,
indigo ; de 1,000 à 3,000 mètres les plantes des climats
tempérés : froment, maïs, orge, et un arbre précieux
propre à cette région, le *quinquina*, dont l'écorce guérit
de la fièvre ; dans la même région vivent l'ours, le grand

cerf des Andes et la petite espèce de lion sans crinière
appelée puma. A 3,500 mètres les arbres sont rempla-
cés par les arbustes et ceux-ci, de 4,000 à 5,000 mètres
dans la partie intertropicale, par les graminées que paissent des troupes nombreuses d'animaux propres à ces
contrées : les *lamas*, les *alpacas* et les *vigognes, sans lesquels les Andes seraient inhabitables*, comme l'Afrique du
nord et l'Arabie sans le chameau ; car ces animaux sont
à la fois des porteurs et des bêtes à laine (V. fig. 13). Un

Fig. 13 — Lama.

froid intense règne dans ces hautes régions où commen-
cent vers 4,800 mètres les neiges éternelles. Un seul
être y habite, le *condor*, le plus grand des oiseaux de
proie qui plane à la hauteur des sommets les plus élevés, à 6,500 mètres. *Les Andes sont extrêmement riches en
métaux*, argent et cuivre dans celles du Chili ; or et argent dans celles de Bolivie et du Pérou.

63. Les plateaux inférieurs et les plaines. —
Ces hautes terres ont été explorées par un des savants
les plus illustres des temps modernes, ALEXANDRE DE
HUMBOLDT (1), qui de 1799 à 1805 parcourut la région
équatoriale de l'Amérique depuis les plateaux du Mexique
jusqu'à ceux du Pérou. C'est également lui qui nous a
fait connaître le sol tout différent des autres parties de
l'Amérique du Sud. Le plateau qui borde les Cordillières
à l'est descend par une pente extrêmement courte et
rapide, comme celui qui borde au sud l'Himalaya; et
presque au pied des montagnes se déploie une *immense
plaine inférieure à 300 mètres et se continuant sans interruption au centre de l'Amérique depuis les bouches de l'Orénoque jusqu'au détroit de Magellan*, c'est-à-dire *pendant
plus de 7,000 kilomètres ;* elle est analogue, mais sur une
superficie bien plus considérable, à la grande plaine du
Gange et de l'Indus au nord de l'Indoustan (§ 36).

Ces plaines d'Amérique portent différents noms. Au
nord on les appelle LLANOS; elles sont aussi plates que
la surface de la mer, sans autre éminence que des bancs
de calcaire de plusieurs lieues de largeur, mais à peine
élevés de 1 ou 2 mètres, sans arbres, sans buissons
même. L'aridité et la chaleur y sont excessives pendant
la saison sèche, d'octobre en avril; au contraire pendant la saison humide, d'avril en octobre, les pluies
tropicales transforment les Llanos en marais et rendent
à la végétation l'activité et la fraîcheur. Au centre s'étend
la PLAINE FORESTIÈRE DE L'AMAZONE, où les débordements
de ce puissant fleuve ont développé la production d'im-

(1) Alexandre de Humboldt, né à Berlin en 1769, mort en 1859, a laissé
entre autres ouvrages : *Voyage aux régions équinoxiales du Nouveau-
Continent ; Vues des Cordillères ; Tableaux de la nature ; Examen cri-
tique de la géographie du Nouveau Continent ;* la plupart sont écrits en
français.

menses forêts inextricables dites *forêts vierges*. Le vaste pays appelé *Grand Chaco* présente ensuite l'aspect stérile d'un désert sablonneux, tandis qu'au sud se développent les PAMPAS aussi unies, mais plus fertiles que les Llanos et couvertes d'immenses tapis d'herbes et de graminées, pâturages inépuisables où les chevaux, les moutons et les bœufs introduits au XVI⁰ siècle par les Espagnols errent aujourd'hui par millions.

Au delà de cette plaine le sol se relève en plateaux analogues à celui du Dekkan dans l'Inde. C'est d'abord le *plateau de la Guyane* au nord, d'une altitude moyenne de 5 à 600 mètres avec une chaîne centrale, la *Sierre Parime* dont plusieurs pics atteignent plus de 2 000 mètres. Mais le plus important est le GRAND PLATEAU DU BRÉSIL, occupant presque la moitié de cet empire, c'est-à-dire au moins 4 *millions de kilomètres carrés*, il est formé par le soulèvement de deux chaînes principales : la *Sierra de los Vertentes* au centre, et la *Sierra Espinhaço* plus voisine de la mer ; cette dernière présente les pics les plus élevés : l'*Itambé* (1,920 mètres) et surtout l'*Itatiaia* à qui des observations récentes ont assigné 2,713 mètres d'altitude. *Sur ce plateau* triangulaire comme celui du Dekkan, d'une altitude moyenne analogue (1,000 à 600 mètres) et terminé également par une pointe aiguë mais beaucoup moins élevée, le cap Saint-Roch, se rencontrent *les plus riches productions minérales et végétales* : diamants et pierres précieuses, or, argent, fer et cuivre, bois de teinture et de construction. Les larges plaines comprises entre le rebord du plateau et la mer, ainsi que les vallées des fleuves qui en descendent, sont comme la côte du golfe du Bengale située au pied du plateau du Dekkan, admirablement fertiles en sucre, café, tabac et coton.

VINGT-CINQUIÈME LEÇON

64. Les fleuves et les lacs. — Cette vaste étendue des plaines centrales et la continuité du même niveau sur de tels espaces donnent aux fleuves de l'Amérique du sud un double caractère : *nulle part les fleuves n'ont un si immense parcours* et ne roulent un tel volume d'eau ; nulle part aussi *les bassins ne sont moins distincts*, n'étant séparés que par de faibles crêtes et même *quelquefois confondus dans leur cours supérieur*.

Ces fleuves appartiennent en réalité à *un seul versant, celui de l'Atlantique*, puisque la proximité des Cordilières empêche qu'aucun cours d'eau considérable ne se rende à l'ouest dans le grand Océan ; mais la direction différente de leur cours permet de les répartir en trois bassins : du nord, de l'est et du sud.

Au nord trois fleuves se jettent vers la mer des Antilles : l'*Atrato* peu étendu, mais à la source duquel la Cordilière occidentale (V. plus haut § 62) paraît interrompue, ce qui donne l'espérance de pouvoir ouvrir par ce fleuve un canal navigable entre le golfe du Darien et le Pacifique ; la *Magdalena* qui coule entre les deux rameaux des Cordilières : l'ORENOQUE, sorti du plateau de la Guyane, traverse les Llanos entre ce plateau et celui de la Cordilière orientale qui lui envoient de nombreux affluents : le *Cassiquiare*, le Rio-Meta, l'Apure, etc. ; il en reçoit une telle quantité d'eau dans la saison des pluies que son niveau monte de 10 à 35 mètres ; à 350 kilomètres de son embouchure il a 50 mètres de profondeur, et lors des débordements il ressemble plutôt à un lac qu'à un fleuve : il débouche en face de l'île de la Trinité par un immense Delta qui remplit le golfe de Paria et sort par la Bouche du Dragon (§ 56 et 59).

65 Le fleuve des Amazones. — Ce fleuve, le plus considérable du Nouveau-Monde et sans doute du globe tout entier (6,500 kilomètres), est formé par la réunion de deux grands cours d'eau sorti des Cordilières. Le plus lointain est l'*Apurimac* qui naît dans les plus hautes terrasses du plateau de Bolivie, à l'ouest du lac Titicaca et coule au nord où il prend le nom d'Ucayale jusqu'à ce qu'il rencontre le *Maranon*, roulant entre les deux chaînes parallèles des Andes. Réunis à l'entrée de la grande plaine forestière, ils portent le nom de Maranon ou *Solimöens* et aussi celui de FLEUVE DES AMAZONES. Ce dernier lui fut donné par l'Espagnol Orellana, attaqué dans son voyage d'exploration (1541) par des femmes guerrières qui lui rappelèrent les Amazones de l'antiquité. Le fleuve coule de l'ouest à l'est entre des rives basses où il déborde à une distance considérable au temps des crues ; aussi forme-t-il une multitude d'îles et de marécages. Près de la mer, il se divise en deux bouches enfermant l'île de Marajo qui a 700 kilomètres de tour. *Plus de 300 kilomètres séparent les extrémités de ces deux embouchures ;* la masse des eaux est si considérable qu'elles restent douces à plusieurs myriamètres au large, en plein Océan. La puissance du courant se fait sentir à 400 kilomètres, et les plus fortes marées seules peuvent remonter dans son lit ; mais elles le font avec une telle impétuosité qu'elles repoussent jusqu'à 300 kilomètres dans l'intérieur une terrible barre (§ 13) appelée *pororoca*.

L'Amazone reçoit plus de 500 affluents venus de trois directions différentes : de la Cordilière orientale, du plateau de Bolivie et du plateau du Brésil.

La première lui envoie le *Rio-Negro joint naturellement au Cassiquiare* affluent de l'Orénoque, CE QUI RÉUNIT PAR LEURS COURS SUPÉRIEURS LES BASSINS DE CES DEUX GRANDS FLEUVES. Du plateau de Bolivie descend la *Madeira* dont le cours (plus de 2,500 kilomètres) est malheureusement embarrassé par des cataractes; l'un de ses affluents, le *Rio Itenez*, prend naissance dans un terrain peu élevé et marécageux, les plaines ou *Campos de Parécis* qui forment le premier rebord du plateau du Brésil; *c'est le point central de l'Amérique méridionale* et d'où coule vers le sud l'un des bras du Rio de la Plata, le *Paraguai*. Lors des grandes pluies, les eaux du Paraguai et du Rio Itenez se confondent dans ces marécages, ce qui établit *une communication temporaire entre les bassins de la Plata et des Amazones.* On peut dire que CES TROIS IMMENSES FLEUVES, L'ORÉNOQUE, LES AMAZONES ET LA PLATA NE FORMENT QU'UN SEUL BASSIN. Le plateau du Brésil verse aussi à l'Amazone un grand nombre d'affluents, entre autres le Para ou *Tocantins*.

L'*Amazone est navigable sur plus de 5,000 kilomètres*, et avec tous ses affluents il présente un réseau de plus de 70,000 kilomètres, c'est-à-dire l'*ensemble de routes naturelles le plus vaste et le plus facile qu'il y ait au monde.* Les deux états maîtres de son cours, le Pérou et le Brésil, y ont établi un service de bateaux à vapeur.

Un seul fleuve mérite d'être cité après l'Amazone parmi ceux qui coulent à l'est; c'est le *San-Francisco du Brésil* arrosant les plus riches régions du Brésil et navigable presque dans toute son étendue.

66. Le Rio de la Plata et les fleuves du Sud. — Les autres fleuves se dirigent vers le sud. Le plus considérable est le RIO DE LA PLATA, ou le fleuve d'Argent, appelé ainsi par les Espagnols à cause des mines argentifères situées dans la partie occidentale de son bassin. Il est formé par deux grands bras, le Parana et l'Uruguai. Le PARANA naît sur le revers occidental de la sierra d'Espinhaço et décrit plusieurs courbes dans un cours de 3,700 kilomètres, mais dont la navigation est difficile à cause du peu de profondeur de son lit. Son principal affluent est le *Paraguai* qui descend en ligne droite des Campos de Parécis ; il est plus profond et plus navigable et reçoit lui-même un grand nombre de rivières. L'URUGUAI moins étendu que le Parana lui est parallèle pendant presque tout son cours. *Après leur réunion*, le RIO DE LA PLATA large de 80 kilomètres devant Buenos-Ayres ressemble plus à un bras de mer qu'à un fleuve ; il finit au-dessous de Montévidéo par une embouchure de 240 kilomètres entre ses points extrêmes.

On trouve ensuite le *Rio Negro du Sud*, limite de la Patagonie ; sa vallée offre la voie la plus praticable pour les communications entre l'Atlantique et le Pacifique par un col des Andes voisin de sa source.

C'est dans cette région des Pampas *que se trouve le plus grand nombre de lacs*. Ils sont peu étendus, étagés sur le flanc oriental des Cordilières d'où ils versent leurs eaux par une suite de lagunes, appelées desaguaderos, dans des marais sans écoulement ou dans des sables salés qui les absorbent.

66 *bis*. **Résumé de l'Amérique; continent américain; Amérique du Sud, géographie physique.** — L'AMÉRIQUE n'a été découverte qu'en 1492 par CHR. COLOMB. Plusieurs siècles avant lui, les *Norvégiens* avaient abordé au *Groenland* et au *Vinland*, côte nord-est actuelle des États-Unis ; mais ces découvertes avaient été

tenues secrètes au XVᵉ siècle par le gouvernement de la
Norvége.

Colomb se *dirigea vers le sud-ouest*, pensant arriver
par l'occident aux terres du levant, c'est-à-dire aux
Indes qu'il supposait, d'après les anciens, peu éloignées
de l'Europe occidentale. C'est pourquoi il appela les indigènes Indiens quand il eut découvert l'île de Guanahani
dans les Antilles. Son erreur ne fut reconnue qu'après sa
mort, quand *Balboa* eut aperçu en 1513 l'Océan Pacifique
à Panama et surtout quand l'expédition de MAGELLAN
(1519-22) eut parcouru tout cet océan et fut revenue
en Europe par le cap de Bonne-Espérance. C'est le *premier voyage autour du monde* et la démonstration de la
forme sphérique de la Terre.

L'AMÉRIQUE DU SUD est bornée par *l'isthme de Panama* et
la mer des Antilles, l'OCÉAN ATLANTIQUE et l'OCÉAN PA-
CIFIQUE; au sud elle se termine par le *cap Horn*.

La mer des Antilles et l'océan Atlantique ne renferment que des golfes peu profonds, ceux de *Darien* et de
Venezuela au nord, la belle *baie de Rio-de-Janeiro*, les
golfes Saint-Mathias et Saint-Georges à l'est. Le *détroit
de Magellan* sépare le *cap Froward*, extrémité du continent, de la *Terre de Feu*, archipel froid et volcanique tout
ensemble; le *détroit de Lemaire* et le cap Horn permettent d'éviter les longueurs du détroit de Magellan, mais
au prix de violentes tempêtes causées par le choc des
vents et la rencontre des courants marins.

L'Océan Pacifique est encore moins découpé à cause

de la muraille que forme devant lui la grande chaîne des Andes.

L'ISTHME DE PANAMA n'a que 65 kilomètres de largeur et est *traversé par un chemin de fer* entre *Panama* et *Colon-Aspinwal.*

Le *relief du sol* comprend : la chaîne des ANDES ou COR-DILLIÈRES, longue de plus de 7,000 kilomètres et ayant sa masse principale au centre dans le PLATEAU DE BOLIVIE où sont les pics de *Sorata* et d'*Illimani* (6,488 et 6,487 m.). Elles gardent encore une grande élévation au sud dans les Andes du Chili avec l'*Aconcagua*, et au nord dans celles du Pérou et de l'Équateur où le *plateau de Quito* renferme d'énormes volcans, entre autres le *Chimborazo*. La Cordillière disparaît ensuite dans l'isthme de Panama.

Les Andes possèdent de grandes richesses minérales en or, argent et cuivre ; elles sont couvertes de bois précieux, entre autres le quinquina, et leurs pâturages renferment des animaux porte-laines, le lama, l'alpaca et la vigogne.

Au pied des Andes s'étend vers l'est une plaine basse, divisée en *région forestière* au centre, en *llanos* et *pampas* au nord et au sud, espaces unis et couverts d'herbes dont se nourrissent d'innombrables troupeaux de bœufs, de moutons et de chevaux.

A l'est de la plaine, le sol se relève dans le *plateau de Guyane*, et surtout dans le grand *plateau du Brésil*, admirablement fertile en substances végétales et minérales.

Les fleuves appartiennent tous au versant de l'Atlantique, à cause de la proximité où la chaîne des Andes se

7.

trouve du Grand Océan. Ces fleuves sont : l'Atrato et la Magdalena dans la mer des Antilles; l'*Orénoque*, recevant le Cassiquiare et débouchant au nord-est par un vaste delta à travers les llanos; le FLEUVE DES AMAZONES, le *plus grand du monde*, traversant toute la largeur de l'Amérique et recevant plus de 500 affluents, entre autres au nord le *Rio-Negro* joint naturellement au Cassiquiare affluent de l'Orénoque, au sud la *Madeira*.

A l'est, le *San-Francisco du Brésil*; au sud-est le RIO DE LA PLATA formé de l'*Uruguai*, du *Parana* venu du plateau du Brésil et grossi du *Paraguai* dont la source est dans la plaine centrale de l'Amérique, les *Campos de Parécis* où il se mêle quelquefois aux affluents de l'Amazone.

Les lacs se trouvent généralement à de grandes hauteurs, sur les flancs des Cordilières; le plus important est le lac Titicaca, dans le plateau de Bolivie.

QUESTIONNAIRE.

Quelles sont les découvertes faites en Amérique avant et après Colomb? — Citez les bornes de l'Amérique du Sud, — les golfes formés par l'Océan Atlantique. — Qu'a de remarquable le détroit de Magellan avec les caps et les îles qui l'entourent? — Quels sont les ports aux extrémités du chemin de fer de Panama? — Indiquez la longueur des Cordillières, la hauteur de leurs principaux sommets, leurs productions de toute nature. — Quelles sont les divisions et les caractères de la grande plaine centrale? — Citez les plateaux de l'est. — Quels sont les fleuves et les lacs de l'Amérique du Sud?

CHAPITRE X

AMÉRIQUE DU SUD. — GÉOGRAPHIE POLITIQUE [1]

VINGT-SIXIÈME LEÇON

L'Amérique méridionale était partagée jusqu'au commencement de ce siècle entre les deux puissances qui l'avaient découverte, les Espagnols et les Portugais. Mais ces colonies se sont révoltées contre leurs métropoles, et à l'exception de quelques territoires encore occupés par l'Angleterre, la Hollande et la France, l'Amérique ne renferme plus que des États indépendants ; ce sont tous des républiques, sauf le Brésil gouverné par un empereur.

67. États situés sur la côte du Pacifique. — Ces États sont au nombre de cinq :

Les ÉTATS-UNIS DE COLOMBIE nommés anciennement Nouvelle-Grenade ; ils ont l'avantage d'être baignés par les deux océans et d'être maîtres de l'isthme de Panama. Capitale SANTA-FÉ DE BOGOTA sur les hauts plateaux de la Cordilière orientale ; villes principales *Panama* et *Colon* dans l'isthme (§ 61).

L'ÉQUATEUR, ainsi appelé de ce qu'il est traversé par cette ligne. Capitale QUITO sous l'Équateur, mais jouissant d'un climat tempéré grâce à l'altitude du plateau sur laquelle elle est bâtie à 2,900 mètres au-dessus du niveau de la mer ; les tremblements de terre y sont presque continuels à cause des terribles volcans dont elle est

(1) Voir la carte huitième : AMÉRIQUE DU SUD, *Car. politique.*

environnée (§ 62); ville principale *Guayaquil*, port sur le Pacifique. De cette république dépendent les îles Galapagos.

Le PÉROU ancien État florissant avant qu'il fût conquis en 1531 par Pizarre. Capitale LIMA, située à 10 kilomètres du Pacifique *où Callao lui sert de port;* au sud sont les *îles Chincha d'où l'on tire le guano,* excellent engrais formé par les excréments des oiseaux qui viennent en troupes nombreuses déposer leurs œufs dans le creux des rochers ; le guano s'y rencontre en couches de 10 à 50 mètres de profondeur et d'une qualité supérieure à cause *de le sécheresse de cette côte où il ne pleut jamais.* Ville principale *Cuzco* l'ancienne capitale des Incas, souverains du Pérou avant la conquête espagnole ; elle est voisine des districts les plus riches en argent et en or.

La BOLIVIE a pris ce nom en l'honneur du général Bolivar qui la rendit indépendante de l'Espagne. Elle ne possède qu'une très-petite partie de côtes sur le Pacifique; capitale CHUQUISACA ou Sucre; v. p. *Potosi* au centre des plus riches mines d'argent.

Le CHILI ne comprend qu'une étroite bande de terrain entre les Andes et le Pacifique. C'est le plus prospère de tous ces États nés de colonies espagnoles ; capitale SANTIAGO ; v. p. *Valparaiso*, le port le plus fréquenté de l'Amérique du Sud sur le Grand Océan.

La Patagonie n'est habitée que par un petit nombre de peuplades presque sauvages.

68. États situés sur l'Atlantique. — Ces États sont en général beaucoup plus étendus que ceux de la côte opposée ; leurs relations faciles avec l'Europe leur donnent aussi une plus grande importance. Ils sont au nombre de cinq.

La RÉPUBLIQUE ARGENTINE ou PROVINCES-UNIES DE LA PLATA, capitale BUENOS-AIRES sur la rive droite du fleuve.

L'URUGUAI, capitale MONTEVIDEO sur la rive gauche.

Le PARAGUAI récemment dévasté par une guerre désastreuse soutenue contre les deux précédents états et contre le Brésil; capitale ASSOMPTION sur le Paraguai.

Le BRÉSIL est une ancienne colonie portugaise depuis l'an 1500 où le Portugais Cabral, faisant voile vers le cap de Bonne-Espérance, fut emporté vers l'ouest par le courant équatorial (§ 15) et aborda aux environs du cap Saint-Roch. Le Brésil se sépara du Portugal au commencement de ce siècle, mais en conservant comme empereur un prince de la maison de Bragance qui règne en Portugal. *C'est le plus vaste État de l'Amérique du Sud* dont il occupe plus des deux tiers, 8,337,000 kilomètres carrés, c'est-à-dire *presque aussi considérable que l'Europe;* c'en est aussi le plus riche en productions de toute nature (§ 63). Capitale RIO DE JANEIRO, la plus grande ville de l'Amérique du Sud (276,000 habitants), à l'entrée d'une baie admirable (§ 59), occupée d'abord au XVI⁰ siècle par nos protestants français qui y bâtirent le fort Coligny; v. p. *Bahia* et *Pernambouc* au nord, les principales places de commerce avec l'Europe.

Le VENEZUELA, capitale CARACAS près de la mer des Antilles, où elle a pour port la ville de *La Guaira.*

69. Colonies européennes. — Elles ne se composent que des trois Guianes, entre les bouches de l'Orénoque et celles de l'Amazone : la GUIANE FRANÇAISE, chef-lieu *Caienne* lieu de déportation; la GUIANE HOLLANDAISE, chef-lieu *Paramaribo;* la GUIANE ANGLAISE, chef-lieu *Georgetown.*

Les Anglais possèdent un autre établissement au sud

de l'Amérique : c'est le groupe des *îles Falkland* (ancien-nement appelées îles Malouines), qu'ils ont occupées comme un point de relâche important pour leurs vais-seaux qui passent par le cap Horn ou le détroit de Ma-gellan ; les oiseaux marins y sont très-nombreux, ainsi que les cétacés, phoques et baleines, que l'on pêche dans les mers voisines.

70. Terres polaires du Sud.—Au sud des caps Horn et de Bonne-Espérance et de la Nouvelle-Zélande, les eaux des trois Océans Atlantique, Pacifique et Indien se con-fondent dans l'immense Océan Glacial Antarctique jus-qu'au pôle sud. De hardis navigateurs en ont cherché la route, comme d'autres celle du pôle nord, mais avec beaucoup moins de résultats. C'est qu'au lieu de pré-senter, comme l'Océan Arctique, de vastes terres offrant au moins des lieux d'hivernage et d'assez grandes res-sources dans la chasse des animaux à fourrures ou la pêche des poissons et des cétacés, l'Océan Austral n'est parsemé jusqu'au cercle polaire antarctique que de quel-ques îlots sans végétation ; de plus, les glaces flottantes et les *Banquises* ou immenses murailles de glaces fixes y arrêtent beaucoup plus tôt les navigateurs.

On y a reconnu à la hauteur du cercle polaire an-tarctique une longue étendue de côtes appelées *Terres Joinville* et *Louis-Philippe* au sud de l'Amérique ; *Côtes Adélie* et *Clarie* par l'Américain *Wilkes* et *Dumont-Durville* au sud de l'Océanie ; l'Anglais *James Ross* découvrit en 1842 la grande *Terre Victoria* qui s'étend du 70e au 78e degré, où elle semble se terminer par deux hautes mon-tagnes de 3,600 mètres à la fois glaciers et volcans, l'*Ere-bus* et le *Terror*, qui marquent dignement vers le sud la limite extrême du monde.

Entre toutes ces *Terres Antarctiques* s'étendent des

champs de glace qui n'ont pas encore permis de reconnaître si la plupart de ces terres sont des îles ou font partie d'un vaste continent austral.

70 *bis*. **Résumé de l'Amérique du sud, géographie politique, et des terres polaires.** — Cinq États sont situés à l'ouest : les États-Unis de Colombie, cap. *Santa-Fé-de-Bogota;* l'Équateur, cap. *Quito;* le PÉROU, v. pr. *Lima* et *Callao;* la Bolivie, cap. *Chuquisaca;* le CHILI, v. p. *Santiago* et *Valparaiso.*

Cinq également à l'est et au nord : la *République Argentine*, cap. *Buenos-Aires;* l'Uruguai, cap. *Montevideo;* le Paraguai, cap. *Assomption;* l'EMPIRE DU BRÉSIL, le plus vaste et le plus fertile, cap. *Rio-de-Janeiro*, v. p. *Bahia* et *Pernambouc;* le *Vénézuéla*, cap. Caracas.

Il y a peu de colonies européennes; les trois GUIANES: française, cap. *Caïenne;* hollandaise, cap. *Paramaribo;* anglaise, cap. *Georgetown.*

Au sud du cercle polaire antarctique s'étendent d'immenses banquises au milieu desquelles Dumont-d'Urville et James Ross ont découvert quelques terres inhabitées, les terres *Joinville* et *Louis-Philippe* et surtout la *terre Victoria*, prolongée jusqu'au 78°.

Quels sont les États situés à l'ouest et à l'est avec leurs capitales ? — Quel est le plus important de tous ? — Citez les colonies européennes. — Quels navigateurs ont exploré les terres antarctiques et quelle est la plus grande de ces terres ?

CHAPITRE XI

VINGT-SEPTIÈME LEÇON

71. **Les limites, la configuration et les dimensions**. — L'Amérique septentrionale est bornée au nord par l'OCÉAN GLACIAL ARCTIQUE, à l'est par l'OCÉAN ATLANTIQUE, au sud par l'*isthme de Panama*, à l'ouest par l'OCÉAN PACIFIQUE et le *détroit de Behring* qui la sépare de l'Asie. Elle est située tout entière au nord de l'Équateur, entre 8 degrés de latitude dans l'isthme de Panama et 83 degrés au point le plus élevé où l'on soit parvenu dans les régions polaires, et entre le 24e degré de longitude occidentale au nord-est du Grœnland et le 170e au cap du Prince de Galles dans le détroit de Behring. *Sa plus grande longueur est d'environ 8,000 kilomètres ; sa plus grande largeur de 6,400*, entre le cap du Prince de Galles et le cap Race à l'est de Terre-Neuve. Sa superficie est d'environ 22 millions de kilomètres carrés, c'est-à-dire un peu plus considérable que celle de l'Amérique du Sud et le double de celle de l'Europe.

En laissant en dehors les terres polaires et l'archipel des Antilles qui forment deux régions particulières, on peut considérer le *continent de l'Amérique du Nord comme*

(*) Voir carte neuvième : AMÉRIQUE DU NORD, *Carte physique*.

ayant, ainsi que celui du sud, *la forme d'un triangle* dont le grand côté est tourné à l'ouest depuis le cap du Prince de Galles jusqu'à Panama ; les autres, de Panama au cap Race pour l'est ; et du cap Race au cap du Prince de Galles pour le nord.

72. Les mers et les golfes, îles, etc. — Cette ressemblance entre les deux Amériques ne s'arrête pas à la configuration extérieure ; elle existe aussi dans la structure intérieure et à un moindre degré dans la conformation des côtes.

L'Amérique du nord est en général beaucoup plus découpée que celle du Sud ; mais dans l'une comme dans l'autre, c'est la côte occidentale qui l'est le moins. Ainsi le rivage du Pacifique n'offre d'abord que des ouvertures peu considérables, la *baie de Fonseca* et le golfe de Tehuantépec. L'Océan pénètre ensuite plus profondément dans les terres par le GOLFE DE CALIFORNIE, séparant du continent l'étroite *presqu'île de Californie* terminée par le cap Saint-Lucas. La côte s'arrondit ensuite en arc de cercle jusqu'au *détroit Juan de Fuca* en creusant d'abord la belle BAIE DE SAN-FRANCISCO, rivale de celle de Rio de Janeiro. Jusque-là le littoral etait escarpé, sans îles, comme celui de l'Amérique du Sud depuis Panama jusqu'au sud du Chili, et dominé par de hautes terrasses analogues (avec une moindre élévation) aux Cordilières. A partir du détroit Juan de Fuca le rivage est semé d'îles rocheuses, *île Vancouver, archipel de la Reine Charlotte,* semblant être des morceaux détachés de la chaîne volcanique qui les avoisine, et en tout identiques aux îles de la côte de Patagonie. Enfin *la péninsule d'Alaska*, avec ses volcans-glaciers et ceux des îles Aléoutiennes, rappelle la Terre de Feu ; le cap Froward a son pendant dans le cap du Prince de Galles, et le détroit de Magellan se retrouve dans le détroit de Behring entre le Pacifique et l'Océan glacial.

73. — La ressemblance est moins grande du côté de l'Atlantique. La MER DES ANTILLES y dessine le *golfe de Honduras* ouvert comme à angle droit entre les deux *presqu'îles de Honduras* et d'*Yucatan;* mais elle y est peu profonde, à cause d'un vaste banc de sable qui laisse à peine 30 mètres de profondeur à 300 mètres du rivage. Il en est autrement à l'est, vers l'ARCHIPEL DES ANTILLES. On le divise en *petites Antilles* dirigées du sud au nord, et qui ne sont que les sommités de plateaux sous-marins couronnés de volcans terribles, la *montagne Pelée* dans la Martinique, la *Solfatare* dans la Dominique, la *Soufrière* dans la Guadeloupe (environ 1,700 mètres). Les GRANDES ANTILLES sont toutes allongées de l'est à l'ouest et traversées par une arête montagneuse peu considérable dans *Puerto-Rico* et la *Jamaïque*, mais qui atteint près de 3,000 mètres dans HAÏTI et dans CUBA.

La mer des Antilles communique au nord-ouest par le *canal d'Yucatan* avec le GOLFE DU MEXIQUE, de forme presque circulaire et analogue aux mers de l'Asie orientale (§ 33), c'est-à-dire *à demi-fermé par les presqu'îles d'Yucatan et de la Floride*, à l'extrémité desquelles les *caps Catoche* et *Sable* s'avancent vers l'île de Cuba. Le golfe du Mexique creuse d'abord la *baie de Campêche* aussi peu profonde que celle de Honduras; il contourne ensuite une côte basse et marécageuse où le delta du Mississipi forme une assez forte saillie. *Toute cette région est une des plus malsaines qu'il y ait sur le globe;* c'est le séjour préféré de la fièvre jaune.

On a vu (§ 45) que le courant du Gulf-Stream parcourt tout ce golfe; il en sort par le *détroit de la Floride* et rencontre LES LUCAYES ou Bahama. C'est un vaste archipel analogue à ceux de la Polynésie centrale (§ 49), c'est-à-dire *composé de récifs madréporiques* sur 700 kilomètres de longueur et 400 de largeur, laissant à peine entre eux une profondeur d'eau de cinq mètres ; la plus célèbre de ces îles est *Guanahani* (San-Salvador) *où Colomb aborda le 12 octobre* 1492.

Le Gulf-Stream longe ensuite une côte bordée de lagunes et de marécages entre lesquels le cap Hatteras s'avance en une pointe aiguë qui repousse le courant marin dans la direction de l'est vers l'Europe. Au nord de ce cap s'ouvrent des baies profondes, renfermant les plus beaux ports de l'Amérique : la BAIE DE CHESAPEAKE longue de 275 kilomètres, la *baie Delaware,* la *baie de Massachusets* ou de Boston, enfin la BAIE DE FUNDY connue par la hauteur de ses marées (§ 13), les flots y étant resserrés entre le continent et la *presqu'île de la Nouvelle-Ecosse.*

Au nord de cette péninsule s'élargit le vaste GOLFE DU SAINT-LAURENT ; il est presque fermé par l'île triangulaire de TERRE-NEUVE souvent environnée de brumes épaisses. Ces eaux sont au nombre des plus poissonneuses du globe, surtout sur le *banc de Terre-Neuve* où la pêche de la morue attire tous les ans plusieurs centaines de navires. Le *détroit de Belle-Isle* sépare Terre-Neuve de la *presqu'île de Labrador* baignée au nord et à l'est par le *détroit d'Hudson* et la MER D'HUDSON, sorte de Méditerranée américaine au-delà de laquelle l'OCÉAN GLACIAL renferme des îles et des détroits qui seront décrits avec les terres polaires.

VINGT-HUITIÈME LEÇON

74. Les montagnes et les hauts plateaux. — C'est surtout *dans le relief du sol que les deux Amériques présentent de grandes ressemblances*, l'Amérique du nord offrant également *une longue chaîne et de hauts plateaux à l'ouest, de vastes plaines au centre et des plateaux secondaires à l'orient.*

La chaîne est celle des MONTAGNES ROCHEUSES, analogue aux Cordilières par son immense développement (au moins 8,000 kilomètres) et par sa proximité du Pacifique ; mais ses pics et ses plateaux sont loin d'être situés à une aussi grande altitude. La partie la plus élevée se trouve également au centre, enfermée entre deux chaînes parallèles, les *Rocheuses proprement dites* vers l'intérieur, la *Sierra-Névada* et la *chaîne Cascade* voisines de l'Océan. *Dans la première se dressent les points culminants :* les monts HARVARD et YALE (5,000 mètres), le pic *Frémont* (4,500) ; quelques-uns le leur disputent dans la Sierra-Névada, le mont *Shasta* (4,400 mètres) et le mont *Whitney* (près de 5,000). Les parties hautes sont nues et abruptes, surtout dans la Sierra-Névada tirant son nom « chaîne neigeuse » de l'accumulation des neiges qui en rend le passage bien plus difficile que celui des Rocheuses ; les froids y sont très-vifs et les sécheresses désastreuses dans ces pays *où il ne pleut presque jamais*. Les flancs orientaux des Rocheuses sont couverts de forêts qu'on appelle *les Parcs*, parc du nord, parc du centre, parc du sud ; les pins y dominent, ce qui a fait appliquer à cette partie de la chaîne le nom de *Sierra-Verde* ou chaîne

Verte. Plus au nord on a récemment découvert de curieux phénomènes aux environs du pic Frémont ; dans un espace de plusieurs centaines de kilomètres et élevé de plus de 2,000 mètres au-dessus du niveau de la mer, jaillissent avec une grande force des sources d'eau chaude, qu'on appelle des *Geysers;* jusqu'à présent on n'en connaissait l'existence que dans l'Islande. Ce phénomène est dû à la nature volcanique du terrain, comme l'indiquent du reste les tremblements de terre fréquents dans cette région, les amas de soufre assez considérables pour former des monticules, les vapeurs et fumerolles qui s'échappent du sol et lui donnent l'aspect d'un immense four à chaux. Au lieu d'eau bouillante, quelques-uns lancent une boue pâteuse. Mais l'eau et la boue sont également mêlées d'une grande quantité de silice qui forme en se déposant de curieuses cristallisations ; les arbres atteints paraissent pétrifiés sur toutes leurs branches et leurs feuilles. La plus remarquable de ces sources est celle qu'on appelle le *Geyser géant ;* peu de temps avant l'apparition du phénomène, on entend un bruit souterrain et la terre tremble ; puis un nuage de vapeur s'élance tout à coup avec une haute colonne d'eau qui persiste pendant un quart d'heure, au bout duquel elle s'éteint graduellement. Sa hauteur est de plus de 80 mètres.

La *partie du plateau voisine des Rocheuses a une altitude d'environ* 1,800 *mètres* et s'abaisse ensuite jusqu'à 1,000 mètres dans le centre qu'on appelle le *grand bassin*. Il rappelle certains plateaux de l'Asie centrale (§ 37) et mieux encore le plateau de Bolivie qui renferme les lacs Titicaca et Pansa avec le cours d'eau qui les réunit. Ici se trouvent également deux lacs, à peu près de même dimension et disposés de la même manière ; le GRAND LAC

SALÉ le plus considérable au nord, le *lac Utah* au sud réunis par le Jourdain. Tout ce bassin, véritable fond de cuvette entre deux hauts rebords montagneux, renferme encore un grand nombre d'autres lacs étagés le long de la Sierra-Névada et joints deux ou trois ensemble, comme les lacs suspendus sur les flancs orientaux des Cordilières (§ 66). Il n'y a de fertilité qu'au voisinage des cours d'eau; le reste n'est qu'une plaine saline ou sablonneuse.

75. Chemin de fer du Pacifique. — Cette région n'en est pas moins traversée sans cesse par des troupes nombreuses d'émigrants, et il s'y est fait des travaux d'une prodigieuse hardiesse. C'est que *les deux grandes chaînes et leurs ramifications sont aujourd'hui la contrée du monde la plus abondante en métaux précieux*, l'or et l'argent qui ont rendu célèbres les noms de la CALIFORNIE, du *Nevada* et du *Colorado*. Pour joindre ces pays lointains aux ports de l'Atlantique, les Américains des États-Unis ont construit le CHEMIN DE FER DU PACIFIQUE, qui franchit les Rocheuses à la passe du Sud (2,280 mètres) près du pic Frémont et *n'a pas moins de 7,500 kilomètres* entre New-York sur l'Atlantique, et San-Francisco sur le Grand-Océan. *Sept jours suffisent à la traversée de tout le continent.* La science a donc fait une vérité de l'erreur de Colomb (§ 56); aujourd'hui, par les paquebots à vapeur qui franchissent rapidement l'Atlantique et le Pacifique et par ce chemin de fer transcontinental qui en est comme le trait-d'union, LES CÔTES OCCIDENTALES D'EUROPE SONT PEU ÉLOIGNÉS DES CÔTES ORIENTALES D'ASIE.

Les Rocheuses s'abaissent au nord et au sud, comme les Cordilières. Au nord surtout, le plateau n'offre plus qu'une altitude moyenne de 4 à 500 mètres jusqu'à l'Océan Glacial, sauf sur la côte du Pacifique où il est

beaucoup plus escarpé et renferme le volcan *du St-Élie*
(plus de 5,300 mètres). Au sud, la chaîne se rétrécit et
forme un massif triangulaire jusqu'à l'isthme de Téhuantépec. C'est le PLATEAU DU MEXIQUE, appelé *Sierra Madre*
au nord, et *plateau d'Anahuac* ou de Mexico au sud ;
celui-ci est le plus important par son élévation (2,000 à
2,500 mètres), par ses riches mines d'argent et par les
volcans terribles qui le surmontent. Mexico, au centre
même, est entouré de lacs sans écoulement.

A l'*isthme de Téhuantépec*, plaine de 230 kilomètres de
large entre les deux Océans et dans laquelle aucune hauteur ne dépasse 300 mètres, commence le GRAND ISTHME
DE L'AMÉRIQUE CENTRALE, l'une des plus importantes régions du globe. Les deux presqu'îles d'Yucatan et de
Honduras, qui s'avancent dans la mer des Antilles, ne
sont autre chose que les dernières terrasses du plateau
du grand isthme. Il s'élève brusquement au-dessus du
Pacifique dans les *Andes de Guatemala*, conservant une
grande hauteur (2,000 mètres) jusqu'à la *baie de Fonseca*,
ouverte entre deux volcans qui en signalent ou en éclairent l'entrée. Deux vallées importantes y débouchent :
l'une est l'*Isthme de Honduras* plus abaissé que celui de
Téhuantépec ; l'autre, l'*Isthme de Nicaragua* plus dé-
primé encore, car le *lac de Nicaragua qui en occupe le fond
n'a que 38 mètres d'altitude*, et la langue de terre qui
le sépare du Pacifique 53 seulement. Mais cette vallée
est toute hérissée de volcans, dont un se dresse à une
hauteur de plus de 2,000 mètres au centre même du lac
de Nicaragua. Après cette longue dépression, le sol se
relève une dernière fois dans le *plateau de Costa-Rica*
jusqu'à 1,500 mètres, pour s'affaisser de nouveau dans
l'isthme de Panama (§ 61). Il est partout surmonté de
volcans. *Cette région de l'Amérique centrale* et de la chaîne

des Antilles peut disputer à la Malaisie le triste avantage
d'*être la plus fréquemment bouleversée du globe.*

Ces dépressions profondes semblaient inviter l'homme
à couper l'obstacle interposé entre les deux océans.
L'isthme du Nicaragua paraissait surtout favorable à
l'établissement d'un canal, à cause du lac qui en occupe
le centre et se verse par le San-Juan dans la mer des
Antilles. Mais les difficultés du sol et l'instabilité politique de ces pays, toujours en proie à la guerre civile,
ont fait abandonner cette entreprise. On a dû se contenter jusqu'ici du *chemin de fer de Panama* (§ 61); un
second chemin de fer est entrepris aujourd'hui dans
l'isthme de Honduras, entre le golfe de ce nom et la
baie de Fonseca le meilleur mouillage de toute cette
côte.

VINGT-NEUVIÈME LEÇON

76. Les plaines. — Le plateau qui borde les Rocheuses à l'orient est beaucoup plus large que celui qui
s'étend au pied des Cordillères. On l'appelle *hautes prairies de l'Ouest* (600 à 400 mètres d'altitude) jusqu'aux co-
teaux du Missouri. Coupé au nord par de longues collines couvertes de forêts, il forme vers le sud une steppe
tantôt aride, tantôt herbeuse, nommée les *Savanes.* C'est
dans ces hautes prairies de l'Ouest qu'on trouve encore
à l'état nomade les tribus *indiennes* ou *Peaux-Rouges* refoulées sans cesse par les Européens : *elles vivent de la
chasse, surtout de celle du bison,* espèce de bœuf sauvage
à la tête énorme et garnie d'une crinière; les bisons
errent par millions dans ces pâturages sans limites,

comme les bœufs d'origine européenne et les chevaux dans les Pampas de l'Amérique du Sud (§ 63).

A l'est de ces hautes prairies, la *plaine*, c'est-à-dire la *région inférieure à* 300 *mètres*, s'étend sans interruption sur tout le centre de l'Amérique du Nord, comme dans le continent méridional, depuis l'océan Glacial jusqu'au golfe du Mexique. Sur une ligne si considérable, elle doit présenter des aspects opposés. En effet, au nord du Mississipi ce n'est guère qu'une immense forêt au milieu de laquelle un chapelet de lacs innombrables ouvre quelques clairières : tout au nord, les rivages de l'Océan Glacial et de la mer d'Hudson n'offrent qu'une plaine glacée et stérile, analogue à celle de la Sibérie et soumise à des froids encore plus terribles. Toute cette région n'est habitée que par des *Eskimaux vivant de la pêche*, par quelques tribus de Peaux-Rouges et par des chasseurs d'origine européenne, dits *trappeurs*, venus pour la plupart du Canada. Ils chassent les animaux à fourrures, abondants ici comme dans la Sibérie, l'ours blanc, le renard bleu, le castor, etc. Au sud du Mississipi, le climat est celui des régions tempérées dans le cours supérieur du fleuve, vaste terre d'alluvion devenue aujourd'hui la plus importante région du globe pour la culture des céréales. Dans la vallée inférieure du fleuve, la plaine s'élargit encore davantage et embrasse tout le pourtour du golfe du Mexique avec la presqu'île de Floride et les côtes voisines sur l'océan Atlantique. Le climat y permet la culture du tabac, du riz, du coton, de la canne à sucre, comme dans les régions les plus chaudes de l'Inde et du Brésil; les bois de construction et de teinture y abondent, surtout dans les marécages de la Floride et sur les rivages de la baie de Campêche, dans l'Yucatan.

77. Les plateaux secondaires. — L'Amérique du

Nord offre ensuite comme celle du Sud deux plateaux secondaires voisins de l'Atlantique. Le premier est le *plateau du Canada et du Labrador*, qui comprend aussi Terre-Neuve; dominé par l'arête centrale des *collines Laurensides*, il a une hauteur moyenne de 5 à 600 mètres, comme le plateau de la Guyane (§ 63), et ne forme guère qu'une immense forêt de pins et de sapins entrecoupés de petits lacs. Le PLATEAU DES ALLEGHANYS bien plus important se continue presque du golfe du Mexique au golfe Saint-Laurent sur une longueur de 1,800 kilomètres, et une largeur de plus de 150. Resserré au nord entre le fleuve Saint-Laurent et l'Atlantique, il se divise à la hauteur de New-York en trois terrasses parallèles : Les *montagnes Bleues* (5 à 600 mètres), les *Apalaches* et les ALLEGHANYS proprement dits où plusieurs pics atteignent 2,000 mètres, c'est-à-dire sont peu inférieurs aux plus hauts sommets du plateau du Brésil. Comme celui-ci, ils renferment d'abondantes richesses minérales en or et fer, et de plus d'immenses bancs de houille et des sources de pétrole. Enfin à leurs pieds se développe également une plaine arrosée par une infinité de rivières et fertile en tabac, en sucre, surtout en coton le plus long et le plus beau que l'on trouve sur le globe.

78. Les fleuves et les lacs. — Le centre de l'Amérique du nord étant une plaine basse où le relief du sol est insensible sur une vaste étendue, il en résulte, comme dans l'Amérique du sud (§ 64), que les *bassins des fleuves sont joints entre eux, ou d'une manière permanente, ou par des communications temporaires* au moyen des *lacs innombrables dont le nord est rempli*. Les fleuves coulent dans quatre directions : au nord, à l'est, au sud et à l'ouest.

C'est au nord que cette communication des bassins est la plus remarquable. Le principal fleuve est le *Mackensie* formé par plusieurs bras descendus des Rocheuses dans de vastes lacs, *grand lac de l'Esclave*, lac du Grand Ours. C'est *sur les bords du lac de l'Esclave* que le célèbre voyageur anglais FRANKLIN *supporta le maximum du froid qu'on ait encore observé*, 57° au-dessous de zéro (— 57°). Le lac des Daims communique avec un affluent du Churchill qui tombe dans la mer d'Hudson, comme l'Orénoque et l'Amazone sont réunis par le Cassiquiare et le Rio Negro (§ 65); mais cette jonction n'est d'aucune utilité pour la navigation, à cause de la rigueur du climat.

Dans la mer d'Hudson débouche aussi le *Nelson*, déversoir du vaste lac WINNIPEG. Ce lac, non moins considérable que le Baïkal en Sibérie (§ 39), et de forme à peu près semblable, reçoit comme lui plusieurs cours d'eau venus de directions différentes : de l'ouest le *Saskatchawan*, de l'est le *Winnipeg* qui par plusieurs lagunes *communique avec le lac Supérieur, source du fleuve Saint-Laurent;* du sud la *Rivière Rouge*, dont les *sources sont si voisines de celles du Mississipi qu'à l'époque des pluies leurs eaux se confondent;* ce PLATEAU DU MINESOTA situé à la limite des hautes prairies de l'ouest et des plaines du centre est donc comme les Campos de Parécis (§ 65) dans le continent du sud le PRINCIPAL POINT DE PARTAGE DES EAUX DANS L'AMÉRIQUE DU NORD et le *point de jonction entre les bassins de l'Océan glacial, de la mer d'Hudson, de l'Océan Atlantique et du golfe du Mexique.*

TRENTIÈME LEÇON.

79. Le Saint-Laurent. — A l'est coulent des fleuves beaucoup plus importants, parce qu'ils conduisent aux rivages de l'Atlantique situés en face de l'Europe. Le principal est le SAINT-LAURENT, découvert en 1534 par *Jacques Cartier*, exploré ensuite au XVIIe siècle par deux autres Français, *Champlain* et *Cavelier de la Salle*, jusqu'aux lacs qui lui donnent naissance. Ce BASSIN DES GRANDS LACS *est la plus considérable masse d'eau douce qui existe sur le globe* (environ 238,000 kilomètres carrés,

Fig. 14. — Chûte du Niagara.

c'est-à-dire une surface précisément égale à celle de la Grande-Bretagne en Europe). Ces cinq lacs qui décroissent de grandeur comme d'altitude à mesure qu'on descend de l'est à l'ouest sont : le LAC SUPÉRIEUR, s'écoulant par le saut Sainte-Marie (chute de 6 mètres de hauteur) dans les lacs MICHIGAN et HURON ; le petit lac Saint-Clair unit ce dernier à l'ÉRIÉ, joint à l'ONTARIO par la rivière *Niagara, qui forme la magnifique chute* du même nom (fig. 15) haute de 49 mètres et large de plus de 800. Le Saint-Laurent commence proprement à la sortie de l'Ontario ; sa largeur s'accroît de 5 kilomètres jusqu'à 50 aux environs de Québec, où il est profond de 40 mètres et peut recevoir les plus grands vaisseaux. Au-dessous de Québec c'est moins un fleuve qu'un bras de mer débouchant dans le vaste golfe Saint-Laurent. Au moyen de quelques canaux destinés à éviter les rapides formés dans quelques endroits de son cours et entre les lacs, *il est navigable dans toute son étendue*, de l'embouchure à la source sur près de 1,200 kilomètres.

Les autres fleuves sont beaucoup moins considérables, comme descendant des Alleghanys assez voisins de la côte, mais ils sont importants encore à cause des ports ou des baies dans lesquels ils débouchent ; ce sont l'HUDSON *se jetant à New-York ;* la *Delaware* s'élargissant dans la baie du même nom au-dessous de Philadelphie ; le *Potomac* débouchant dans la vaste baie Chesapeake.

80. Le Mississipi. — Le MISSISSIPI *ne le cède qu'au seul fleuve des Amazones* pour la longueur de son cours plus de 6,000 kil. en comptant depuis la source du Missouri) et pour l'*étendue de son bassin qui mesure environ 3 millions de kilomètres carrés*, c'est-à-dire le tiers de l'Europe ; mais SON IMPORTANCE POLITIQUE ET COMMERCIALE EST TRÈS-SUPÉRIEURE A CELLE DES AMAZONES, à cause de la puissance des États-Unis maîtres de son cours tout entier.

Son embouchure était connue des Espagnols quelques années à peine après la découverte de l'Amérique (1), mais son cours supérieur ne fut exploré qu'à la fin du siècle suivant par notre *Cavelier de la Salle* en 1682.

(1) on la trouve figurée d'une manière très-reconnaissable sur une carte dressée en 1500 par Juan de la Cosa, pilote de Colomb.

Parti des grands lacs, il franchit le faîte qui les borde au sud et descendit par la rivière des Illinois, grand affluent du fleuve, jusqu'à leur confluent et de là jusqu'au golfe du Mexique ; en l'honneur de Louis XIV, il donna au pays le nom de *Louisiane*. Mais les sources mêmes du Mississipi ne furent bien déterminées qu'en 1819. Sa branche la plus éloignée sort du petit *lac Itasca* sur le plateau du Minesota, à 512 mètres au-dessus du niveau de la mer ; à 300 kilomètres plus loin, il entre après le saut Saint-Antoine dans la région des plaines où il est partout navigable. De ce point au golfe du Mexique il n'aurait en ligne droite que 1,440 kilomètres ; mais son cours est plus que doublé (3,200 kilomètres) par ses sinuosités, surtout depuis le confluent de l'Ohio jusqu'à la mer. A ce confluent il a 2500 mètres de largeur, 20 de profondeur, et de 60 à 80 aux environs de la NOUVELLE-ORLÉANS. Bien au-dessus de cette ville, il traverse des plaines basses qu'il inonde à plus de 150 kilomètres dans l'intérieur, et ses bras permanents ou *bayous* embrassent un immense delta marécageux. Sa branche principale s'avance en saillie dans le golfe du Mexique : *on dirait d'une main aux doigts étendus*. Mais la quantité de limon déposée en cet endroit est telle, qu'il n'a plus que 5 ou 6 mètres de profondeur à la passe de sa principale embouchure. Le courant du Gulf-Stream emporte les bois du Mississipi jusqu'en Islande (§ 56).

Il reçoit d'immenses affluents sur la rive droite ; le MISSOURI, bien plus étendu que le fleuve même avant leur réunion, est *la plus grande rivière du monde* (3,700 kilomètres). Sorti des plus hautes terrasses des Rocheuses par plusieurs bras dont l'un naît dans la région des Geysers (§ 74), il coule d'abord de l'ouest à l'est ; mais rencontrant le côteau de Missouri, il tourne brusquement

au sud, puis au sud-est jusqu'à SAINT-LOUIS où il s'unit
au Mississipi. Parmi ses affluents, on remarque la *Ne-
braska* dont le chemin de fer du Pacifique (§ 75) suit la
vallée. Au-dessous du confluent du Missouri, le Mississipi
est encore grossi par deux grandes rivières : l'*Arkansas*
et la *Rivière Rouge* du sud ; celle-ci roule tant d'arbres
déracinés que sur une longueur d'environ 200 kilomètres
sa surface en est entièrement obstruée et son cours rendu
pour ainsi dire souterrain.

Les affluents de la rive gauche sont moins considérables, à cause de la proximité des Alleghanys. Les principaux sont l'*Illinois* et l'OHIO, *facilement réunis par des
canaux*, le premier au *lac Michigan*, le second *au lac Erié*.
L'*Ohio est également joint par un canal au Potomac*, en
sorte que DU GOLFE SAINT-LAURENT OU DE LA BAIE DE CHE-
SAPEAKE, ON PEUT DESCENDRE DANS LE GOLFE DU MEXIQUE.

Celui-ci reçoit encore l'*Alabama* arrivant des régions
fertiles en coton, et le RIO BRAVO DEL NORTE frontière du
Mexique et les États-Unis.

81. Le versant du Pacifique. — Les fleuves qui se dirigent à l'ouest ont une moins grande importance, comme
traversant des contrées à peine peuplées aujourd'hui.
Les plus considérables prennent naissance au centre des
Rocheuses, qui forment avec le plateau du Minesota (§ 78)
le principal *point de partage des eaux*. En effet de cette région descend à l'est le Missouri, et à l'ouest les deux
plus grands tributaires du Pacifique, le *Rio Colorado* se
jetant au sud-ouest dans le golfe de Californie, l'*Oregon*
ou Columbia se dirigeant au nord-ouest. La Sierra-Nevada
envoie le SACRAMENTO et le *San-Joaquin* coulant, l'un du
nord, l'autre du sud, dans *deux vallées célèbres par leurs
mines d'or* ; ils débouchent en face l'un de l'autre dans la
belle *baie de San-Francisco* ; enfin le Youcon traverse

l'extrémité nord-ouest de l'Amérique et tombe dans la mer de Bering.

CHAPITRE XII

AMÉRIQUE DU NORD. — GÉOGRAPHIE POLITIQUE [1]

TRENTE ET UNIÈME LEÇON

L'Amérique du Nord était au siècle dernier composée tout entière de colonies européennes, partagées surtout entre les Espagnols, les Anglais et les Français. Il ne leur en reste plus que la moindre partie ; le reste a formé aujourd'hui neuf États indépendants.

82. Les États-Unis. — Le plus considérable est la RÉPUBLIQUE DES ÉTATS-UNIS, sortie de treize colonies anglaises qui se soulevèrent contre leur métropole sous le commandement du général Washington ; avec l'aide de Louis XVI qui les secourut de sa marine, et l'appui des volontaires français amenés par La Fayette, elles se rendirent indépendantes en 1783. Les États-Unis se sont prodigieusement développés, leur population ayant monté de 2,500,000 habitants à plus de 38,000,000, et leur territoire s'étendant de l'Atlantique au Pacifique et des grands lacs au golfe du Mexique, sur UNE SURFACE PRESQUE ÉGALE A CELLE DE L'EUROPE, PLUS DE 9,333.000 KILOMÈTRES CARRÉS, en y comprenant sur la mer de Bering l'ancienne Amérique russe, achetée en 1867 et appelée *Territoire d'Alaska.*

1. Voir la carte dixième : AMÉRIQUE DU NORD, *Carte politique.*

C'est une *République fédérative*, c'est-à-dire qu'au lieu d'être composée, comme la France par exemple de départements qui ne sont que des portions d'un seul État, elle est divisée en ÉTATS indépendants pour leur administration intérieure, ayant chacun leur gouverneur et leurs assemblées politiques particulières. Ces États sont aujourd'hui (1881), au nombre de trente-neuf. On y compte aussi neuf *Territoires*, c'est-à-dire neuf parties du pays qui ne sont pas encore assez peuplées de blancs pour se gouverner souverainement ; ils se trouvent dans l'ouest habité par les Peaux-Rouges. Enfin, un petit terrain appelé DISTRICT FÉDÉRAL renferme la ville de WASHINGTON *capitale de l'Union*, c'est-à-dire la ville où siége *le gouvernement fédéral, composé du* PRÉSIDENT *et de deux assemblées appelées le* CONGRÈS.

Les autres grandes villes sont : *Boston*, dans le Massachusets et d'où partit en 1773 le signal du soulèvement contre l'Angleterre ; NEW-YORK, la plus grande ville commerçante du Nouveau-Monde et la plus peuplée (1,440,000 habitants) à l'embouchure de l'Hudson ; *Philadelphie* (674,000 habitants) sur la Delaware, dans la Pensylvanie ; *Baltimore* sur la Chesapeake, dans le Maryland.

A l'intérieur : CHICAGO au sud du lac Michigan, dans l'Illinois ; simple village il y a vingt ans, elle est aujourd'hui peuplée de 300,000 habitants et le plus grand marché de céréales du Nouveau-Monde ; *Saint-Louis* bâtie par les Français dans le Missouri, la ville la plus centrale du Mississipi et de l'Union entière, presque à égale distance entre les grands lacs et le golfe du Mexique, entre les ports de l'est et les Rocheuses ; la NOUVELLE-ORLÉANS également d'origine française dans la Louisiane est le débouché du commerce du Mississipi, par sa position près de l'embouchure de ce fleuve.

Sur l'Océan Pacifique, SAN-FRANCISCO à l'entrée de la belle baie du même nom, dans la Californie si célèbre pour l'exploitation de l'or; c'est aussi le point de départ des paquebots américains qui trafiquent avec l'Océanie et l'Asie orientale.

83. Mexique et Amérique centrale. — Le MEXIQUE, jadis la plus belle des colonies espagnoles, est aujourd'hui une république en proie à l'anarchie : capitale MEXICO, sur le plateau d'Anahuac; v. p. *Vera-Cruz*, le principal port de mer sur le golfe du Mexique; *La Puebla*, grande ville sur la route entre Vera-Cruz et Mexico.

L'Amérique centrale est divisée entre cinq républiques : GUATEMALA et SAN-SALVADOR avec des capitales du même nom ; HONDURAS, capitale *Comayagua;* NICARAGUA, capitale *Managua ;* COSTA-RICA, capitale *San-José*.

Dans les Antilles, la grande île d'HAÏTI autrefois partagée entre l'Espagne et la France forme aujourd'hui deux républiques indépendantes, presque tout entières peuplées de nègres et de mulâtres descendants des anciens esclaves : la RÉPUBLIQUE HAÏTIENNE à l'ouest, capitale *Port-au-Prince;* la RÉPUBLIQUE DOMINICAINE à l'est, capitale *Saint-Domingue*, la première ville bâtie en Amérique par Colomb.

84. Colonies européennes. — Elles sont beaucoup plus considérables que dans l'Amérique du Sud. Ce sont : le *Gröenland*, aux Danois (V. plus bas, Terres arctiques);

La NOUVELLE-BRETAGNE, nom sous lequel on comprend *toutes les possessions anglaises situées au nord des États-Unis.* Ce sont : le CANADA (haut et bas), le *Nouveau-Brunswick*, la *Nouvelle-Écosse*, l'*île du Prince-Édouard* à l'Est, le *Manitoba* au Sud, la *Colombie britannique* à l'O. sur le Pacifique, et les *pays de la baie d'Hudson* qui forment une *confédération coloniale* appelée le DOMAINE DU CANADA : v. p. *Québec* et *Montréal*, les deux grandes villes commerçantes de ce pays; le chemin de fer qui unit cette dernière ville à la rive droite de Saint-Laurent passe dans un pont tubulaire, c'est-à-dire fermé de tous côtés, sorte de tunnel aérien jeté au-dessus du fleuve. Une autre colonie anglaise, *Terre-Neuve* dans le golfe Saint-Laurent ne fait pas encore partie de cette confédération. C'est auprès de la ville de Saint-Jean, chef-lieu de Terre-Neuve, qu'*aboutit le câble sous-marin du télégraphe transatlantique anglais* qui part de Valentia à l'ouest de l'Irlande.

L'Angleterre possède encore les *Bermudes*, petit groupe d'îles servant de lieu de déportation dans l'Atlantique; l'*Archipel des Lucaies* ou Bahama (§ 73); la JAMAÏQUE, une des grandes Antilles; le *Honduras Britannique*, chef-lieu Balize dans l'Amérique centrale, et quinze petites Antilles dont les principales sont la *Barbade* et la TRINITÉ, celle-ci importante comme dominant les bouches de l'Orénoque (§ 64).

La FRANCE, qui possédait autrefois la plus grande partie de ces colonies aujourd'hui anglaises, n'a plus conservé que deux petites Antilles, la GUADELOUPE et la MARTINIQUE, ainsi que deux îlots voisins du banc de Terre-Neuve où l'on pêche la morue, *Saint-Pierre* et *Miquelon*; sur la côte du premier arrive *le câble transatlantique français* commençant à Brest.

La Hollande possède quelques petites Antilles sans importance. Au Danemark appartient celle de *Saint-Thomas*, le meilleur port de cet archipel.

84 *bis*. **Résumé de l'Amérique du Nord; géographie physique.** — L'AMÉRIQUE DU NORD est bornée par l'OCÉAN GLACIAL, le *détroit de Behring*, l'OCÉAN PACIFIQUE, l'*isthme de Panama* et l'OCÉAN ATLANTIQUE.

L'Océan Pacifique présente le golfe de Téhuantépec, le *golfe de Californie*, la *baie de San-Francisco*, et
présente au nord des îles rocheuses et volcaniques, *Vancouver*, l'archipel de la Reine-Charlotte, et les îles *Aléoutiennes* prolongement de la presqu'île d'Alaska qui s'a-
vance vers l'Asie.

L'Océan Atlantique, beaucoup plus découpé, offre
d'abord deux vastes enfoncements : la MER DES ANTILLES,
avec les montagnes volcaniques du même nom, la *Martinique*, la *Dominique*, la *Guadeloupe* dans les petites Antilles, *Puerto-Rico*, la *Jamaique*, HAÏTI et CUBA dans les
grandes ; le GOLFE DU MEXIQUE dont les côtes sont basses
et malsaines jusqu'au *détroit de la Floride*, où passe le
célèbre courant du *Gulf-Stream* entre cette presqu'île
et l'archipel des *Lucaies* ou *Bahama*, les premières terres
découvertes par Colomb en 1492.

L'Océan Atlantique présente ensuite au nord les baies
sûres de Chesepeake, de Delaware et de Fundy, ensuite
le *banc* et l'île de *Terre-Neuve*, le vaste GOLFE SAINT-
LAURENT, et la MER D'HUDSON au delà de laquelle commence l'Océan Arctique.

Le relief du sol comprend, comme dans l'Amérique du
Sud, une haute chaîne à l'ouest, une plaine centrale, et
des plateaux au nord-est et à l'est.

La chaîne est celle des MONTAGNES RÒCHEUSES, encore
plus longue que les Andes, mais moins élevée qu'elles
(point culminant 5,000 m.) et moins voisine de l'Océan

Pacifique. Elle renferme au nord des volcans (le *Saint-Élie*) et des *geysers* ou sources jaillissantes d'eaux chaudes ; au centre, ses flancs sont couverts de belles forêts et c'est dans cette partie qu'elle est la plus éloignée du Pacifique dont la sépare une autre chaîne neigeuse et aux passages difficiles, la *Sierra Nevada*. Entre ces deux chaînes s'étend un plateau de 1000 à 1800 mètres, le *grand bassin*, offrant, comme celui de Bolivie, des lacs sans écoulement, entre autres le *grand lac Salé :*

Cette partie centrale *abonde en métaux précieux*, or et argent, et est traversée par le CHEMIN DE FER DU PACIFIQUE joignant *New-York* et *San-Francisco*, distants de plus de 7,500 kilomètres.

Au sud, les terres se rétrécissent de plus en plus dans le *plateau d'Anahuac* ou de Mexico, riche en métaux précieux, et dans le GRAND ISTHME DE L'AMÉRIQUE CENTRALE qui présente les isthmes particuliers de Téhuantépec, de *Honduras*, de Nicaragua et de *Panama*, séparés par de hautes terrasses volcaniques.

Au centre de l'Amérique, les plaines se divisent : en *prairies* et *savanes*, territoires de chasse à l'ouest où les tribus de *Peaux-Rouges* poursuivent le bison ; en *région forestière* et parsemée d'*innombrables lacs*, de plus en plus froide à mesure qu'on s'avance vers le nord, où les *trappeurs* européens poursuivent les animaux à fourrures et les *Eskimaux* vivent de la pêche des poissons et des cétacés ; enfin en *vallée du Mississipi* admirablement fertile en céréales vers le nord, en riz, coton et sucre vers le golfe du Mexique.

Deux plateaux : celui des *collines Laurentides* au nord-est, et le grand PLATEAU DES ALLEGHANYS admirablement fertile en houille et métaux.

Les fleuves coulent dans quatre directions : au nord, le *Mackenzie*, recueillant les eaux de vastes lacs et les portant à l'Océan polaire, le *Nelson* qui déverse dans la mer d'Hudson les eaux du vaste lac *Winipeg*.

A l'est, le SAINT-LAURENT servant d'issue aux 5 grands lacs *Supérieur*, *Michigan*, *Huron*, *Érié* et *Ontario* ; entre ces deux derniers tombe la célèbre CHUTE DU NIAGARA. Le Saint-Laurent, large et profond en passant à Montréal et Québec, débouche par le vaste *golfe Saint-Laurent*.

Sur la même côte, d'autres fleuves moins étendus, mais importants par les beaux ports situés à leur large embouchure, l'HUDSON et la *Delaware*.

Au sud, le MISSISSIPI, le plus grand fleuve du monde après celui des Amazones. Il sort du *lac Itasca* dans le *plateau* du *Minesota*, analogue aux campos de Parécis dans l'Amérique du Sud, reçoit près de Saint-Louis le *Missouri* venu des montagnes Rocheuses, plus bas l'*Ohio* descendu des Alleghanys, et au-dessous de la *Nouvelle-Orléans* il se jette par un vaste delta malsain dans le golfe du Mexique. — Il est comme escorté de l'*Alabama* à l'est et du *Rio-del-Norte* à l'ouest.

Dans l'Océan Pacifique : le *Colorado*, le *San-Joaquin* et le SACRAMENTO débouchant dans la belle baie de San-Francisco et célèbres par les mines d'or que renferment leurs vallées ; l'*Orégon*, le *Fraser* et le Youcon.

QUESTIONNAIRE.

Quelles sont les bornes de l'Amérique du Nord ? — la nature des côtes de l'Océan Pacifique, de l'Océan Atlantique ? — Décrivez les montagnes Rocheuses. — Qu'appelle-t-on le grand bassin, et entre quels ports est tracé le chemin de fer du Pacifique ? — Par quoi est remarquable le grand isthme de l'Amérique centrale ? — Comment se divisent les plaines et en quoi diffèrent-elles ? — Quels sont les plateaux ? — Citez les fleuves qui vont au nord, à l'est, au sud, à l'ouest. — A quels lacs le Saint-Laurent sert-il de déversoir, et par quelles villes passe-t-il ? — Quelles villes arrose le Mississipi ? — Dans quelle baie se réunissent le San-Joaquin et le Sacramento ?

CHAPITRE XIII

TERRES POLAIRES DU NORD [1]

TRENTE-DEUXIÈME LEÇON

85. Passage nord-ouest; mers, détroits, îles. —
On appelle TERRES ARCTIQUES OU TERRES POLAIRES DU NORD
les archipels situés à l'extrême nord de l'Amérique.
Depuis la découverte des mers d'Hudson et de Baffin,
on supposait que cette dernière était fermée vers le nord
et que le Grœnland se reliait aux terres plus occidentales de l'Amérique. A partir de 1819, les marins anglais
cherchèrent s'il n'y avait pas un passage de ce côté, et
si l'on ne pourrait pas arriver par là jusqu'au pôle
nord. *John Ross*, *Parry* et FRANKLIN nous ont révélé la
configuration de ces terres arctiques. Franklin y mourut
sans qu'on eut longtemps des nouvelles de son sort. Sa
veuve, lady Franklin, et ensuite le gouvernement anglais
envoyèrent plusieurs expéditions à sa recherche; à l'une
était attaché un jeune officier français, *Bellot*, mort également dans ces régions désolées. En 1857 seulement, *Mac-
Clintock* trouva dans un cairn, monticule de pierres où
les navigateurs déposent des papiers et des provisions,
une relation des compagnons de Franklin, apprenant
que leur chef avait succombé à ses fatigues en 1847; le
sort de ses compagnons est demeuré inconnu.

Mais ces recherches amenèrent la découverte du pas-

(1) Voir la carte neuvième ; AMÉRIQUE DU NORD, *Carte physique.*

sage. En 1853 *Inglefield* et *Mac-Clure* explorèrent ces
régions, le premier par la mer de Baffin, le second en
contournant toute l'Amérique par le cap Horn, le détroit
de Behring et l'océan Glacial. Les traineaux qu'ils lan-
çaient sur la glace, quand la mer n'étaient pas libre, se
rencontrèrent; *il fut alors démontré que le* PASSAGE NORD-
OUEST *existe*, c'est-à-dire *que nulle terre continue* (mais
seulement des banquises pouvant quelquefois s'ouvrir)
*n'empêche de se rendre d'Europe en Asie par le nord-ouest
de l'Amérique*. Ce passage est formé par les quatre détroits suivants, de l'est à l'ouest : *détroit de Lancastre*
découvert par Ross, *détroits de Barrow et de Melville*
qu'explora Parry, *détroit de Banks* trouvé par Mac-Clure.
Ils séparent deux archipels arctiques : l'archipel méridional, formé d'iles étendues, *Terre de Baffin*, *Terre Wol-
taston*, *ile Baring* ou de Banks ; l'archipel septentrional
composé de plus petites îles appelées du nom général
d'ARCHIPEL PARRY.

86. Voyages vers le pôle nord. — La vie animale
est loin d'être éteinte dans ces régions polaires : les oiseaux de mer, les animaux à fourrure comme les ours
blancs et les renards argentés y abondent, surtout les
cétacés : phoques, morses, les baleines encore assez
nombreuses dans la mer de Baffin.

Ces considérations ont fait penser que l'on pourrait
arriver jusqu'au pôle. De là des projets d'exploration
formés par des marins anglais et américains au nord
de la mer de Baffin. On trouva que la mer de Baffin
n'est pas fermée par une baie, comme on le croyait
depuis plus de deux siècles, mais ouverte par le *détroit de
Smith* où les Américains KANE et *Hayes* s'avancèrent tantôt sur leur navire, tantôt sur leur traineau, jusqu'à plus
de 82 degrés ; ramenés vers le sud par le puissant courant

polaire et aussi par l'épuisement de leurs équipages, ils purent apercevoir une mer libre, la MER DE KANE, dans la direction du pôle. Une expédition plus récente, celle de l'Anglais Nares (1875-76), n'a pu pénétrer au delà de 83 degrés.

Le GRÖENLAND baigné à l'ouest par ces mers et ces détroits est un immense plateau triangulaire ayant sa pointe tournée vers le sud au *cap Farewell*. Ses côtes occidentales sont découpées par des *fiords* ou golfes étroits resserrés entre de hautes falaises et il ne forme qu'une masse énorme de neige congelée ; de là ces glaciers d'où tombent les montagnes de glaces (icebergs) entraînées par les courants jusqu'à Terre-Neuve (§ 14). La côte orientale paraît beaucoup plus élevée ; l'altitude d'une des montagnes a été évaluée à 4,200 mètres. Enfin on y a découvert un fiord qui s'enfonce à près de 100 kilomètres dans les terres, ce qui fait supposer que c'est l'entrée d'un détroit et que le Gröenland serait formé de plusieurs îles.

Les îles Jean Mayen et Baren situées à l'est du Gröenland par 71° et 74° 30' de latitude nord sont comme des jalons conduisant à l'avant-dernière des terres arctiques, le Spitzberg, vaste archipel composé de plusieurs îles découpées par des fiords profonds ; c'est comme le Gröenland une masse triangulaire et glacée dont la pointe est tournée vers le sud, entre 77 et 81 degrés environ. Découvert par le hollandais *Barentz* en 1596, il est entouré d'écueils recouverts d'une curieuse végétation de mousses et de lichens ; *cette végétation est due à l'influence du Gulf-Stream* qui s'étend jusque dans ces parages et rend relativement facile l'abord des côtes occidentales, tandis qu'il est presque impossible d'aborder à ses rivages orientaux.

A l'est du Spitzberg, une expédition autrichienne, commandée par *Payer* et *Weyprecht*, a découvert en 1873-74 la TERRE FRANÇOIS-JOSEPH, formée également d'îlots glacés entre le 80° et le 83° degré.

86 *bis*. **Résumé de l'Amérique du Nord, géographie politique, et des terres polaires du Nord.** — LES ÉTATS-UNIS ont une *étendue supérieure à celle de l'Europe* et forment une *république fédérative* composée de 39 ÉTATS, 9 *Territoires* et un *District fédéral* qui renferme la capitale de l'Union entière, WASHINGTON, sur le Potomac.

Villes princ. NEW-YORK, la plus grande ville et le centre le plus important du commerce ; *Philadelphie, Chicago, Saint-Louis,* la *Nouvelle-Orléans, San-Francisco.*

Le MEXIQUE, v. pr. MEXICO et *Vera-Cruz.*

Les cinq républiques de l'Amérique centrale : *Guatemala,* San-Salvador, *Honduras,* cap. Comayagua ; Nicaragua, cap. Managua, et *Costa-Rica,* cap. San-José.

Les deux républiques qui se partagent l'île d'Haïti : *république Haïtienne,* cap. Port-au-Prince ; *république Dominicaine,* cap. Saint-Domingue.

Le reste de l'Amérique du Nord forme des colonies européennes :

A l'Angleterre, le CANADA, v. pr. *Québec* et *Montréal ;* le Nouveau-Brunswick, la *Nouvelle-Écosse, Terre-Neuve* où aboutit le *télégraphe sous-marin* qui vient d'Irlande, les pays de la baie d'Hudson et la *Colombie Britannique ;* plus au sud, les Bermudes, les *Lucaies,* la JAMAÏQUE, quinze petites Antilles, et le *Honduras britannique* dans le grand isthme de l'Amérique centrale.

A la France : la *Martinique* et la *Guadeloupe* dans les Antilles ; au nord, près du banc de Terre-Neuve, Mique-lon et *Saint-Pierre*, petit îlot où aboutit le câble français immergé à Brest.

Au Danemark, *Saint-Thomas* dans les Antilles.

Les terres polaires du Nord se composent de deux archi-pels séparés par le PASSAGE NORD-OUEST (*détroits de Lan-castre*, de *Barrow*, de *Melville* et de *Banks*) ; ces terres et ces détroits ont été explorés par les marins anglais *Ross*, PARRY, FRANKLIN mort en 1847 dans ces régions glacées, *Mac-Clure* et *Nares*. Elles sont séparées du *Groënland* par le *détroit de Davis*, la MER DE BAFFIN et les *détroits de Smith* et *Kennedy* où les marins américains KANE et *Hall* et l'Anglais Nares se sont avancés jusqu'à plus de 83 de-grés sans pouvoir arriver encore jusqu'au pôle.

A l'est du Groëland, le *Spitzberg* et la *Terre François-Joseph*.

FIN.

TABLE DES MATIÈRES

FIN DE LA TABLE

Sceaux. — Imp, Charaire et fils.

www.ingramcontent.com/pod-product-compliance
Lightning Source LLC
Chambersburg PA
CBHW050022100426
42739CB00011B/2748